Danielle Vaillancourt

Un mauvais diagnostic

et ma vie m'échappe

Éditions Véritas Québec

Danielle Vaillancourt

Un mauvais diagnostic
et ma vie m'échappe

REBONDIR pendant l'invalidité
Outils et pistes de solutions

Catalogage avant publication de Bibliothèque et Archives nationales du Québec et Bibliothèque et Archives Canada

Vaillancourt, Danielle, 1950-

　　Un mauvais diagnostic et ma vie m'échappe

　　Comprend des références bibliographiques.

　　ISBN 978-2-89571-077-6

1. Vaillancourt, Danielle, 1950-　. 2. Invalidité - Évaluation. 3. Épuisement professionnel. 4. Infirmières - Québec (Province) - Biographies. I. Titre.

RC963.4.V34 2013　　　　616.07'5092　　　C2013-942005-3

Révision : Odette Pelletier, Thérèse Trudel et Claudine Charpentier
Infographie : Marie-Eve Guillot
Photographie de l'auteure : Josianne Liboiron

Éditeurs :　　　Les Éditions Véritas Québec
　　　　　　　　2555, avenue Havre-des-Îles, suite 118
　　　　　　　　Laval, Québec H7W 4R4
　　　　　　　　450-687-3826
　　　　　　　　www.editionsveritasquebec.com

Dépôt légal :　　Bibliothèque et Archives nationales du Québec
　　　　　　　　Bibliothèque et Archives Canada

ISBN :　978-2-89571-077-6　version imprimée
　　　　978-2-89571-078-3　version numérique

Il faut rêver, il faut rêver toujours,
il faut surtout rester fidèle
à ses rêves de jeunesse : ce sont les seuls.

Pierre Bourgault

Préface

Danielle Vaillancourt nous a livré un travail d'autant plus impressionnant qu'il porte sur une problématique complexe, difficile, qui fait l'objet de grandes et durables questions et qu'elle l'a réalisé avec sérieux, cœur, une connaissance de son sujet, et un dévoilement de soi.

En la lisant, on comprend qu'elle ne mène pas un combat contre qui que ce soit, mais pour la prise en compte, ô combien légitime, de l'importance de prendre sa responsabilité face à sa propre santé et son propre mieux-être. En effet, « les êtres humains persistent toujours dans la recherche « à l'extérieur » pour obtenir des réponses, des formules et des fortunes, pour finalement découvrir qu'ils les avaient tous en eux-mêmes depuis le début[1] ».

Elle poursuit, tout au long de son ouvrage, une réflexion solide, argumentée et remplie de situations vécues sur la recherche d'un équilibre entre

---

[1]   *Inventaire du mieux-être*, John Travis, 1972

les droits, les obligations et les responsabilités de chacun des acteurs impliqués dans la gestion de l'incapacité au travail. Elle nous fait comprendre: « Accepter la responsabilité pour notre santé ne signifie nullement qu'il ne faut jamais demander l'aide d'un médecin ou d'un professionnel. Assumer ceci serait complètement mal comprendre le concept. Votre médecin a probablement une expérience et des connaissances précieuses que vous n'avez pas et peut être une ressource importante. Il en revient à vous, cependant, de faire valoir vos droits en tant qu'utilisateur dans l'économie médicale, de poser des questions, de chercher d'autres opinions, et d'accepter que vous vous connaissez mieux que quiconque[2] ».

À travers son cheminement, se développe l'idée qui s'affirme de plus en plus de reconnaître tous les facteurs impliqués dans l'incapacité au travail et pas seulement l'aspect médical. Elle s'inscrit ainsi dans la logique des déterminants de l'incapacité au travail.

Elle prend soin aussi de développer sur la notion de honte et de vulnérabilité que vivent les personnes aux prises avec une situation d'incapacité au travail des suites d'une maladie ou d'une blessure. Cet élément est à mon avis crucial et majeur dans l'accompagnement d'une personne. La nature de la honte est cachée. Elle prospère dans l'ombre, dans les profondeurs muettes. C'est l'émotion dont nous

---

2   idem.

ne voulons pas vivre l'expérience. Nous cherchons à la tenir cachée et elle gagne ainsi le contrôle de nos vies. Le moins nous comprenons la honte et la façon dont elle nous affecte, le plus de puissance elle a sur nous. Nous la poussons vers le bas et nous faisons presque tout pour ne pas en faire l'expérience. Nous la couvrons avec des réponses rapides d'autres émotions - les mêmes réponses que nous présentons lorsque notre survie est menacée : nous combattons, fuyons, gelons et/ou apaisons. Nous faisons tout plutôt que de nommer de façon précise et expérimenter ce que nous ressentons au moment même. Et nous le faisons pour de très bonnes raisons de survie. Cette puissante émotion reste cachée parce que nous craignons la déconnexion ou le bannissement. Nous craignons les mots ou un regard de dégoût, le mépris, ou le détournement de l'autre. Au cœur de la honte est notre crainte d'être indignes d'être soignés; nous sommes indignes de connexion. L'ouvrage de Danielle Vaillancourt contribue à cette démarche qui consiste à remettre dans le système de gestion de l'incapacité au travail le facteur humain si important dans le développement de la confiance et l'estime d'une personne. Elle a réussi, par son partage, à démontrer que malgré les écueils d'un système, il est possible par le biais de la responsabilisation et l'amour de soi de se rétablir et de retrouver un sens à sa vie. Pour son apport fort utile et bien construit, cette auteure mérite notre reconnaissance et nos félicitations.

Carl Brouillette, ergothérapeute

Président de Globalité mieux-être performance et

Chargé de cours à l'Université de Sherbrooke

Introduction

Après un long parcours de vie, j'ai constaté que mon héritage familial comportait des valeurs précieuses. Au fil des expériences, je les avais presque oubliées. Mes parents m'ont appris ce qu'était la bonté, la générosité, la reconnaissance et l'Amour. C'est avec ce bagage invisible que j'ai commencé ma propre quête d'accomplissement.

Au fil de ma vie d'adulte, j'ai expérimenté « Le chemin le moins fréquenté » dont nous parle le psychiatre Scott Peck [3] dans son livre devenu pour moi un ouvrage marquant. Il commence son livre en nous disant que « La vie est difficile » et mentionne que si nous souffrons autant, le problème ne serait pas lié à la difficulté de la vie, mais au fait que nous croyons qu'elle devrait être facile. Scott Peck nous invite à ne plus fuir ce qui fait mal en

---

3   SCOTT PECK, Le Chemin le moins fréquenté, mai 1990, éditeur J'AI LU, Collection J'AI LU NEW AGE

utilisant des détours et des excuses. Il nous parle d'affirmation de nos particularités, de fidélité à ce que nous sommes et de persévérance.

Certaines étapes de notre parcours nous y amènent, à ce carrefour difficile. D'un statut de professionnelle de la santé, reconnue et valorisée, je suis brusquement passée à un diagnostic me déclarant invalide pendant une longue période. L'invalidité se résume entre autres à l'état d'une personne dont les habitudes de vie sont perturbées à la suite d'une incapacité.

Comment réagir devant une telle chute ? Suis-je la seule à avoir dû porter ce genre d'étiquette ? Pourquoi ai-je tellement lutté pour trouver la véritable solution menant à mon rétablissement ? La tentation de baisser les bras m'a hantée bien des fois. Mais je crois que ce qui m'a permis de reprendre mon pouvoir sur ma propre vie, ce sont les valeurs qui étaient cachées en moi.

Je vous raconterai dans les pages qui suivent et sans détour ce qui est devenu mon histoire. Je me sens fière d'avoir pris conscience d'une chose : je suis le personnage principal de ma destinée. Toute ma démarche prouve qu'il est primordial de reconnaître ses valeurs pour rebondir et se faire confiance.

Aujourd'hui, à la grande question « C'est quoi le bonheur pour vous ? », je répondrai ceci :

Introduction

« C'est de vous écrire ces pages avec l'intention de vous aider à rallumer l'espoir en vous. »

« C'est de savourer mon café au petit matin bien installée dans mon lit. »

« C'est de ressentir le bonheur de marcher par plaisir pour aller acheter des bons légumes pour le souper. »

« C'est de savourer chaque seconde de mon nouveau rôle de grand-maman de deux beaux petits-garçons. »

« C'est d'accompagner ma mère à l'épicerie, faire une petite marche et recevoir une grande dose d'AMOUR et de RECONNAISSANCE ! »

« C'est de planifier mes rencontres et d'accompagner mes clients en me demandant : qu'est-ce que je peux faire de mieux pour les aider aujourd'hui ? »

À mon tour, mon intention est de vous transmettre ce que j'ai appris de plus précieux dans ma vie : la bonté, la générosité, la reconnaissance et l'amour de soi. Ces quatre ingrédients suffisent à redonner espoir et à marcher résolument vers le bonheur qu'il nous faut sans cesse reconstruire.

Chapitre 1

« Que vont-ils penser de moi ? »

Je cherche du regard la discrète caméra de surveillance qui balaie en permanence le stationnement. J'ai beau essayer de me contenir, de marcher normalement, je n'y arrive pas. Pour masquer le tout, j'ai pris mon parapluie, même s'il fait un temps radieux, car il me sert discrètement de canne. Les vertiges intermittents, de plus en plus dérangeants, vont finir par me rendre folle et me faire perdre ma réputation. Et à ce chapitre, je me sens plus vulnérable encore...

Pour commencer, j'aimerais bien vous raconter un des chocs qui a fait basculer ma vie.

Nous sommes à la fin du mois de février 1999. Ce jour-là, en sortant de l'hôpital psychiatrique où je travaille, je me sens glisser sur une pente sans identifier la cause de ma dégringolade ni même les possibilités de la freiner. Malgré tous mes efforts pour m'accrocher, les vertiges me frappent de plein fouet; je suis sous le choc.

Les vertiges sont le dessus de l'iceberg, mais en dessous, il y a mon passé. Je m'inquiète parce que depuis 1993, je vis sporadiquement des épisodes d'arrêt de travail pour ce qui avait été diagnostiqué comme étant une période teintée d'un trouble d'adaptation, suite à un divorce qui s'est avéré très difficile. Bien que j'aie été une employée exemplaire pendant plus de vingt ans, j'ai mesuré ma fragilité devant cette étiquette invisible qui marque la dépression. Je me retrouvais de l'autre côté de la clôture, dans le camp des employés dits « à problème ». Au fil des traitements apparaissent des vertiges légers depuis 1996. Mais je tentais de me convaincre que c'était un aspect psychologique qui se manifestait en raison du stress ou de l'anxiété. Pourtant, j'étais assez bien remise de ce tsunami qui avait fait chavirer ma vie : l'échec de ma vie de couple. Ma remise sur pied a été un travail que je jugeais réussi, avec le support de l'équipe qui m'avait alors entourée. La nouvelle difficulté qui prenait l'avant-scène n'était plus la dépression, mais une instabilité physique qui s'amplifiait. Tout allait bien sauf les étourdissements; cette sensation de tangage qui déstabilise et fait craindre toutes les circonstances qui peuvent le créer ou lui permettre de survenir. L'appréhension de me retrouver dans de telles situations est aussi dramatique que les vertiges eux-mêmes.

Je décide donc en 1999 de reconnaître finalement que je suis malade : j'éprouve des vertiges à la fois incommodants et insécurisants. J'ai hésité pendant des mois avant de consulter, car j'étais très mal à l'aise : devoir probablement repartir en maladie me semblait une régression. Repousser le problème à sa limite, tant que je pouvais demeurer fonctionnelle, me semblait être la bonne stratégie.

J'ai donc commencé par consulter différents spécialistes dont un ORL, un neurologue et un neuropsychologue. J'ai passé une tomodensitométrie parce que l'on craignait que mes symptômes soient associés à la sclérose en plaques ou au cancer du cerveau. J'ai aussi subi un électronystagmogramme, afin d'évaluer la fonction vestibulaire de l'oreille interne.

Des mois de rendez-vous, d'examens, de détours en forme de cul-de-sac, pour finalement apprendre « QUE L'ON NE TROUVAIT RIEN » de physique qui puisse occasionner ces vertiges.

Le début d'un long détour

Le neurologue a donc recommandé que je cesse le médicament anxiolytique, que je prenais à ce moment. Ce médicament m'avait été prescrit pour diminuer l'anxiété d'anticipation, car j'avais développé ce qu'on appelle un trouble panique, conséquence des vertiges impromptus qui se multipliaient. Cette cessation de médicament fut recommandée pour éliminer la possibilité d'effets secondaires qui auraient pu augmenter les vertiges.

Je me retrouve à nouveau en arrêt de travail. J'entreprends un sevrage de ce médicament. Pas évident, car j'enlevais le seul produit qui m'aidait à gérer mes peurs au quotidien. J'ai réussi ce sevrage après quelques mois, petit à petit, par moi-même. Je m'étais fixé ce défi et j'étais très fière de moi d'y être arrivée. Cette réalisation me redonnait de l'estime de moi. Pourtant, dans mon quotidien, je me retrouvais complètement déstabilisée, avec la peur de descendre un escalier, de marcher seule sur le trottoir, de traverser une rue, si petite soit-elle.

Le drame est important. Je me revois, assise sur le bord du trottoir devant chez moi, à pleurer parce que je suis paniquée et que je me sens incapable d'aller chercher ma poubelle vide qui a été lancée l'autre côté de la rue par les vidangeurs.

Je vois ma poubelle que je reconnais avec sa petite corde orange et je me sens terrorisée à l'idée de traverser cette petite rue Bruchési, pourtant pas très passante. Je suis à la fois paralysée et paniquée, car mes vertiges peuvent me coûter la vie.

Chapitre 1

Je demeurais depuis ma séparation dans un logement situé au deuxième étage de chez mes parents. J'ai dû me résigner encore une fois à demander leur aide. Mon père est venu m'aider à traverser la rue pour aller chercher ma poubelle. À son bras, j'ai pu le faire. S'il n'avait pas été là, je n'y serais pas arrivée et, pourtant, c'est un geste banal.

Je me revoyais comme lorsque j'étais petite, à ma première journée d'école, alors que mon père m'avait aidée à traverser la « grande rue » pour me rendre à la « grande école » où sincèrement je n'avais pas du tout le goût d'aller, mais il le fallait. Moi j'aimais m'amuser et j'aurais bien aimé rester dans la chaleur du foyer auprès d'une mère et d'un père attentionnés et sécurisants.

Sans médication, mais toujours avec des vertiges récurrents, mon trouble de panique anxieuse grandit. Sur le plan strictement médical, on m'a informée que tous les examens physiques s'avéraient négatifs. La seule hypothèse qui restait plausible, selon les médecins et spécialistes, était lourde de conséquences. On me dit que mes vertiges seraient d'ordre psychologique et que je dois continuer une psychothérapie cognitivo-comportementale pour m'en sortir.

Accepter fait partie du processus

Je dois ainsi me convaincre que j'ai réellement un gros problème d'ordre psychologique. Je m'attelle donc à l'observance des séances de désensibilisation. M'étant adressée à une clinique réputée en approche behaviorale (cognitive-comportementale), je m'y rends toutes les semaines. « Nier ou résister ne servira à rien; vous devez accepter ce qui vous sera bénéfique », me répète-t-on alors.

Les difficultés, puisque je ne conduisais plus ma voiture, étaient aussi de me sentir dépendante, voire dérangeante. Je me vois encore me faire conduire au centre-ville de Montréal pour chaque rencontre. J'avais bien sûr une boule dans la gorge et mon taux d'anxiété devenait très élevé juste à l'idée de sortir de la voiture, de devoir marcher quelques pas sur le trottoir, entrer dans la clinique et être obligée de monter cet escalier qui menait à l'étage, vers la salle d'attente d'un des psychologues. De plus, la simple idée de penser qu'il y eût des gens dans la salle d'attente m'angoissait. Je me demandais alors : « combien de temps faudrait-il attendre ? » Si je paniquais, qu'allait-il m'arriver ? En entrant dans cette ambiance, j'entends les professionnels me dire que tout cela, c'est dans ma tête ! Je dois être vraiment folle !

Et puis, on annonce mon nom. Après quelques entrevues et consignes de la part de la psychologue, je dois passer à l'action « in vivo ». Elle me demande d'aller à l'extérieur faire de l'immersion dans une situation qui m'angoisse et m'occasionne un inconfort certain pour me désensibiliser. Cela consistait, par exemple, à parvenir à marcher sur le trottoir et à traverser une petite rue toute seule.

Imaginez que la seule idée de franchir quelques pas sur un trottoir me semble impossible, mais que dire de traverser une rue, si petite soit-elle. Sans compter que je voyais le regard des gens posé sur moi… Un collègue de travail m'avait dit comme ça : « être mis en invalidité, c'est un peu comme partir en vacances ! » Je souffrais physiquement de vertiges et psychologiquement, je devais affronter tellement de préjugés…

Mon premier obstacle en sortant du bureau était de descendre cet escalier ancestral aux marches un peu croches. Heureusement qu'il est recouvert de tapis moelleux; cela aidait un peu à mon équilibre si précaire.

Je me retrouve sur le trottoir sous le regard de la psychologue. Le fait d'avoir réussi à descendre l'escalier m'a donné du courage; l'anxiété a un peu diminué. Elle se chiffre maintenant à 5 sur 10, zéro étant le plus bas niveau. Il fait soleil, il y a un peu de passants, nous sommes dans un beau quartier de la ville de Montréal où l'on trouve plusieurs anciens bâtiments ayant une architecture qui me plaît beaucoup. Au départ, faire de l'immersion dans ce beau quartier est positif pour moi, car je me suis souvent visualisée habitant ce quartier, mais en pensant que c'était trop beau pour moi...

J'ai d'ailleurs détenu un bureau d'électrolyse en tant qu'infirmière sur le boulevard Saint-Joseph, là où l'architecture des maisons y est semblable. J'essaie de converser pour oublier mon anxiété. Je raconte un peu ma vie à ma psychologue.

Et oui, lui dis-je, je suis une femme entrepreneure. À l'âge de quatorze ans, je voulais reprendre la boulangerie-pâtisserie de mon grand-père maternel, située sur la rue Sainte-Catherine, mais mes parents n'ont pas voulu pour me protéger des durs labeurs qu'eux avaient vécus. J'ai abdiqué et me suis conformée à la norme de mon époque où l'on devenait, en tant que femme, soit enseignante, secrétaire ou infirmière.

Pourtant, durant mes études secondaires, puis au cégep, une autre avenue se présentait à moi : celle de devenir comédienne. À cette époque, je faisais partie d'une troupe de théâtre et j'aimais le jeu d'acteurs. Je me rappelle que je faisais rire les gens avec mes rôles de composition. Il faut dire que j'avais un surplus de poids et on ne me donnait pas les rôles de jeunes premières, mais ceux de servantes nigaudes et naïves ou encore de grands-mères à bonnet. Bien évidemment, cela affectait sans que je l'avoue mon estime de moi, mais mon double plaisir de jouer au théâtre et de bien rendre mon rôle me comblait.

Avec le recul, je m'aperçois que lorsque je jouais au théâtre, je réalisais « une expérience optimale » dont je vous donnerai les caractéristiques plus tard, dans ce livre.

Pour revenir à l'immersion, je marche sur le trottoir, oui je me sens étourdie, mais j'ai aussi une piètre estime de moi, n'ayant pas réussi à me réaliser réellement dans ma vie. Était-ce du sabotage ? Il est vrai qu'à ce moment, j'ai une certaine crainte de m'affirmer réellement.

La séance de thérapie durait 55 minutes et, à cette étape, il nous en reste 30 minutes sur le trottoir. Je me vois encore tremblante, marchant à côté de madame Y. Elle est professionnelle, mais un peu distante et froide à mon avis. Très jolie, elle affiche une attitude de réussite personnelle et professionnelle. Je suis aux antipodes de cette image de moi !

Madame Y m'intimide un peu et je marche avec elle autour du pâté de maisons. J'arrive à franchir quelques longueurs, non sans difficultés. J'ai le souffle coupé et court, car l'appréhension d'éprouver des vertiges me suit. Nous arrivons maintenant au coin d'une petite rue. Madame Y s'apprête à traverser et je dois la suivre bien que j'hésite. Elle décide de traverser immédiatement une plus grande rue et je suis complètement déstabilisée. J'ai le vertige et l'impression d'être paralysée. Ce que je craignais se produit : je panique. J'éprouve donc une sensation de vertige, d'instabilité, de tête vide et la sensation de souffle coupé. Cette panique dure quelques minutes. Une seule pensée : retourner chez moi; d'ailleurs, la séance est terminée et je retourne me réfugier dans mon appartement.

Malheureusement. Je crois que cette période d'immersion m'a hypersensibilisée au lieu de me désensibiliser. En somme, on devrait quitter la séance d'immersion lorsque le niveau d'anxiété s'abaisse, afin que l'habitude de ce sentiment de confort s'installe et que le corps se désensibilise.

J'ai donc suivi plusieurs mois de thérapie en respectant l'horaire et la cadence des séances. Oui ma peur diminue, mais j'éprouve toujours des vertiges déstabilisants qui se produisent brutalement, sans avertissement, de façon moyenne à intense et nettement délimités dans le temps. Il faut dire que je me réveille plusieurs fois par nuit avec cette même sensation de vertige. J'ai beau faire part de mon observation et de mon inconfort à mes soignants, on me dit que c'est causé par le trouble panique.

Bien évidemment, je me disais qui suis-je pour réfuter un tel propos ? C'est plausible que ce soit le trouble panique, car, depuis les années 90, j'avais commencé à éprouver des malaises ponctuellement, mais sans avoir des vertiges de ce genre.

C'était alors des symptômes d'anxiété générale dus à un déséquilibre dans ma vie. Mais là, il y avait plus : je ressentais que les vertiges étaient reliés à une façon de bouger ma tête. Pour les soignants qui m'accompagnaient, vu mes antécédents, ces derniers étaient convaincus que c'était psychologique. Or, ma petite voix et mon excellent jugement clinique me disent que l'aspect physique y contribue…

Durant cette période d'invalidité, j'ai aussi bénéficié d'un service de réadaptation exigé et payé par la compagnie d'assurance qui assume les prestations d'invalidité. La personne de référence qui me suit est un psychologue industriel de formation. Ce dernier se déplace et vient me rencontrer à domicile. Cette personne est très professionnelle et empathique, très à l'écoute de mes besoins. Il m'a encouragé à placer une annonce dans le journal de quartier pour me trouver une personne d'accompagnement. Je dirais que je suis très créative et je me suis donné beaucoup d'outils pour m'aider à récupérer durant cette période d'invalidité très pénible.

Le fait de m'impliquer personnellement m'aidait à améliorer mon estime de moi. Suite à la parution de l'annonce, j'ai reçu deux appels de personnes intéressées. L'une travaillait à « La Presse » et avait déjà souffert de trouble panique et l'autre était infirmière retraitée qui voulait aider. Je choisis la personne qui avait souffert du trouble panique, parce que je me cherchais un modèle, quelqu'un qui s'en était sorti pour me donner de l'espoir.

Cette accompagnatrice était payée par la compagnie d'assurance pour marcher autour de chez moi, me rendre à l'épicerie l'autre côté de la rue et assumer des sorties obligatoires. Cette façon de faire m'aidait à poursuivre la désensibilisation que je pratiquais avec la psychologue. J'ai également bénéficié des services bénévoles d'une personne extraordinaire pour m'accompagner. Il s'agit d'une dame âgée qui faisait du bénévolat à l'hôpital où je travaillais. Reconnaissant son altruisme, je lui ai demandé de l'accompagnement occasionnel. J'avais une grande confiance en cette personne inspirante qui était un modèle pour moi. Cette dame vit avec les séquelles de la poliomyélite contractée en bas âge et, malgré ses 75 ans, elle fait du yoga, s'alimente très sainement et donne avec une générosité remarquable son énergie. Je la remercie d'ailleurs du fond de mon cœur.

Eh oui, aller à l'épicerie devenait un réel défi pour moi. Il faut dire que je vivais dans l'isolement depuis quelques années, faisant ma commande par téléphone pour me donner l'impression d'avoir une certaine autonomie. Ma fille, mon copain, mes parents, mes amies pourraient le faire pour moi, mais je suis tellement honteuse d'en être réduite à cet état d'incapacité que j'explore toutes les situations qui me procurent une certaine indépendance.

L'impact de ce diagnostic d'invalidité affecte aussi la vie des gens qui nous entourent. Je voyais la peine dans leurs yeux et je détectais le sentiment d'impuissance dans leur cœur. Ils ne voulaient pas me le dire pour ne pas en ajouter à ma souffrance, mais ils en souffraient eux aussi.

Sans parler de cet aspect des plus pénibles que de se voir coupé de notre milieu de travail, qu'on aime ou non ce que l'on fait... Moi, j'étais valorisée par cet emploi et j'en avais la compétence requise. De plus, j'étais une fille d'équipe, j'aimais les gens et la réalisation des objectifs que l'on se fixait pour le bien-être des patients et pour la sensation du travail bien fait.

Comme je me sentais mal à l'aise d'être pour la seconde fois en arrêt de travail, je n'entretenais pas les liens avec mes collègues. Il faut dire qu'eux non plus ne m'appelaient plus, car je les savais inconfortables, ne sachant pas trop quoi me dire. Avec du recul, c'est pourtant si simple; on peut simplement dire « Je te comprends, tu sais »... En soi, reconnaître la souffrance, c'est déjà poser un geste humaniste pour la soulager. Un mot gentil, parfois, fait tellement du bien.

Pistes de réflexion

Avec du recul, je me rends compte que j'ai vécu une grande partie de ma vie en réaction à partir de l'adolescence. Je pense que c'est parce que je n'ai pas concrétisé au fur et à mesure mes désirs profonds pour m'accomplir dans la vie que le choc s'est vécu plus difficilement.

• Soit de faire du pain et des pâtisseries artisanales; je l'écris et l'odeur invitante me monte au nez tellement je suis gourmande;

• Soit de faire du théâtre et faire vibrer les gens à leurs émotions.

Cependant, mon rôle d'infirmière m'a permis de réaliser mon côté altruiste et de demeurer fidèle à mes valeurs humaines.

Chapitre 2

Les activités de la vie quotidienne (AVQ)

Pour survivre au quotidien et me sentir vivante, je me suis créé une routine pour freiner l'anxiété d'anticipation et tenter de vivre le moment présent. Je me revois tous les jours à dresser ma liste de ce que je veux faire dans ma journée et, dès que cette dernière est écrite, je biffe immédiatement le mot « LISTE » sur ma feuille. Surprenante façon de donner le coup d'envoi de ma journée. Mon cerveau reçoit alors un signal d'accomplissement, de réussite et de contentement. Ce qui a pour effet de stimuler ma bonne humeur et m'encourage à faire l'autre tâche écrite sur ma courte liste. Cette dernière consiste à faire mon lit, prendre ma douche, déjeuner et ainsi de suite.

C'est impressionnant l'effet que ce petit geste me procure, je tiens à vous confier que je pratique cette technique encore aujourd'hui, c'est probablement l'un des secrets des gens bien organisés.

Je fixe sur ma liste une activité plus ciblée en avant-midi et une autre en après-midi. J'inclus la sieste et la relaxation importante à mon rétablissement. Il faut dire qu'au début de mon invalidité, il y avait seulement deux ou trois objectifs sur ma liste, dont celui de faire la liste et déjà c'était beaucoup pour moi. Je devais tenir compte de mon état et ne pas amplifier mon stress.

Et que dire de prendre ma douche et de laver mes cheveux. J'appréhendais même ces moments. Moi qui aimais l'eau, c'était d'ailleurs mon élément favori dans les activités sportives. Mes craintes de déséquilibre venaient parfois gâcher même les bonnes expériences.

Depuis ma naissance, j'ai eu la chance d'aller tous les étés dans les Laurentides, à Sainte-Julienne, au lac des Pins. Le chalet est au bord du lac; nous nous baignions deux à trois fois par jour. J'y suis comme un poisson dans l'eau; même les eaux profondes et froides ne m'effraient pas, je m'y sens bien. Je me rappelle nos concours d'apnée où je gagnais souvent.

J'oubliais... Ma démonstration de ma sieste sur l'eau, que je m'amusais à faire lorsqu'il y avait de la visite. Je faisais du théâtre en flottant très librement sur l'eau, pouvant même y demeurer plus d'une heure. Je me rappelle aussi, au début de la vingtaine, avoir participé avec mon conjoint au sauvetage de trois enfants en bas âge et deux adultes. Ils étaient tous au milieu du lac sur un pédalo qui prenait l'eau et coulait, car ils avaient oublié de mettre le bouchon des flotteurs. Personne à bord ne savait nager et ils n'avaient pas de ceintures de sécurité. Des pleurs et cris de détresse réclamaient de l'aide. Sans aucune hésitation, mon conjoint part avec le canot et moi je me jette à l'eau et je nage jusqu'à eux. Je ressens encore l'adrénaline et la sensation de force tremblante lorsque je prends les enfants à bout de bras pour les transférer du pédalo à moitié submergé à mon conjoint qui les recueille à bord. Ce fut un beau sauvetage de la part d'un policier et d'une infirmière. J'en suis demeurée très fière.

Et mon état actuel me renvoie une autre image. Me voir en arrêt de travail pour invalidité, avec la peur de prendre ma douche, c'est aberrant. J'ai peur de glisser, car oui, il y a un tapis antidérapant, mais les vertiges sont impromptus et n'avertissent pas à l'avance. Le plus difficile c'est de me laver les cheveux, car la sensation de perte d'équilibre est pire lorsque j'ai les yeux fermés : je perds alors mes repères. C'est donc une victoire réelle pour moi de biffer l'activité douche et lavage de tête.

J'en ai encore aujourd'hui les larmes aux yeux et je ressens une sorte d'admiration pour ma détermination, en décrivant ces souvenirs marquants. Depuis ma maladie, je ne vais plus au chalet, car j'ai peur en auto pour m'y rendre et la baignade m'effraie : avoir des vertiges dans l'eau et me noyer ne sont pas des choses à expérimenter quand on tient à la vie, si difficile soit-elle.

Petits pas à petits pas, j'ajoute une activité à la fois sur ma liste. Infirmière en santé mentale de formation, je me soigne comme je soignais de façon attentionnée et professionnelle mes patients et mon équipe. Je sais que les activités agréables ou celles qui offrent un sentiment d'accomplissement aident les personnes dépressives et le trouble anxieux en général. Ces ajouts sont donc prioritaires sur ma liste.

De plus, le manque d'activités et la passivité étant associés à la dépression, je m'affaire à explorer les activités pour lesquelles j'ai de l'attrait. Avoir du plaisir me stimule.

J'ai toujours possédé énormément de créativité et de spontanéité pour me trouver des activités motivantes. Je suis une femme qui ne s'ennuie pas même si je suis seule. Sincèrement, durant mes années d'invalidité, j'avais des moments de découragement, mais je ne me sentais pas dépressive. Je me sentais anxieuse, en raison de la peur d'éprouver ces vertiges si invalidants, parfois provoqués par un brusque mouvement de la tête, comme si l'espace se mettait à tourner autour de moi. Je remarquais que ces vertiges se produisaient aussi très souvent le matin au lever ou après un changement de position dans le lit. Ils pouvaient également survenir lorsque je levais les yeux au ciel.

Je me reconnais une grande volonté et j'ajoute de la créativité pour me sortir de l'invalidité. D'ailleurs, à l'électroencéphalogramme que je me suis payé dans le cadre de mes recherches en neurosciences pour m'en sortir on remarque, d'après le tracé, une donnée optimale au niveau de mon potentiel créatif. Je l'avais constaté, mais me le faire confirmer me fait du bien. J'ai tellement besoin d'encouragements. Je m'accroche à tout ce qui peut nourrir « mes solutions » au lieu de creuser mes problèmes.

Aujourd'hui, en 2013, la réalisation de ce livre témoigne de cette caractéristique qui m'a aidée à me rétablir. Je le souligne afin de vous encourager aussi à rechercher en vous, ces attributs positifs qui sommeillent, afin d'en faire vos meilleurs « nouveaux alliés ».

Oui, c'est rassurant d'être bien supporté par une équipe soignante, en souhaitant que vous ayez cette chance, mais il est primordial de prendre sa place et de se responsabiliser face à sa santé.

Les activités de la vie quotidienne (AVQ)

Je pense que nous avons le devoir et la responsabilité de nous prendre en main et de participer à mesure que c'est possible à notre rétablissement.

Ce que je constate malheureusement dans notre système de santé, c'est que nous nous laissons souvent prendre en charge sans rien dire.

Heureusement, dans le courant actuel de pensée, nous remarquons l'évolution de la clientèle en matière de recherche d'informations et cela crée des impacts. On reconnaît maintenant dans les associations et regroupements des usagers que le rôle du patient doit changer. S'informer, s'exprimer, oser participer aux soins en restant actif et concerné fait une différence.

Les professionnels de la santé doivent susciter la collaboration de leurs patients dans la mise en œuvre de leurs programmes de santé. Je pense sincèrement qu'il est grandement temps que nous nous prenions en main en tant qu'usager et notre détermination aura un effet net sur l'abaissement du taux de maladies chroniques.

J'inclus aussi la santé psychologique, sachant très bien entre autres que quelques minutes d'activité physique trois fois par semaine augmentent les substances chimiques du cerveau et procurent un sentiment de mieux-être.

D'ailleurs dans ma liste d'activités quotidiennes, j'avais et j'ai toujours trente minutes de marche idéalement tous les jours. Essayez-le; cela change une vie et la perception de notre journée.

Parlant créativité, étant plus jeune, j'aimais me créer des vêtements pour avantager ma silhouette et faire ressortir ma personnalité. Comme je l'ai déjà mentionné, j'étais ronde et, à cette époque, il n'y avait pas de boutiques grande taille pour les jeunes filles. J'usais donc de ma créativité pour me faire une garde-robe originale. Je m'inspirais des coloris des fleurs et des oiseaux pour agencer mes vêtements. Je mêlais aussi les textiles et tricots que je réalisais à la main. Avec du recul, je reconnais encore une fois l'expérience optimale dans ces activités.

Durant ma période d'invalidité, le simple désir d'aller acheter du tissu était compliqué et difficile à réaliser. J'ai contourné cet obstacle et je me suis procuré une machine à tricoter. Je pouvais me commander une foule de fils textiles comme du lin, du coton, de la laine, de la soie, dans une panoplie incroyable de couleurs, ce qui me rendait heureuse et m'apportait une joie profonde, le tout livré à ma porte en plus.

Avec l'avènement d'Internet, j'ai repéré une professeure des métiers de la construction textile de Montréal qui se déplaçait pour venir me donner des cours à domicile.

Quelle aventure ! Juste l'idée de recevoir quelqu'un d'étranger dans ma maison m'angoissait. Pourtant, je l'ai fait et ce fut vraiment positif.

Que va-t-elle penser de moi ?

Assise à ses côtés, je tremble à l'idée de reproduire l'étape numéro un qu'elle vient d'effectuer soit de monter des mailles. À titre informatif, pour celles qui tricotent à la main, contrairement à ce que je pensais, le tricot machine est tout un art et demande une dextérité incroyable.

Cette personne se rend chez moi fidèlement toutes les semaines pendant plusieurs mois. J'apprends petit à petit et reproduis dans la semaine les techniques apprises durant ma séance hebdomadaire.

Cette activité me rend heureuse. Je me sens capable de réaliser des projets sans éprouver de vertiges puisque je suis assise. J'éprouve de l'anxiété de performance et l'appréhension d'être prise de vertiges ou de panique, mais le tout se passe très bien finalement et je réalise mes progrès. Je reprends doucement confiance en moi.

Je reconnecte avec la jeune maman que j'étais qui cousait des vêtements à sa petite Catherine. Je mélangeais couleurs et matériaux : je me rappelle notamment la jolie petite robe à haut crocheté de coton blanc réuni à une jupe longue délicatement fleurie et finie par un bord de dentelle en coton blanc fait au crochet. Comme dans un conte de fées !

J'aimais aussi faire des vêtements à ma poupée vivante, comme je l'appelais. Heureusement qu'elle était là dans ces moments difficiles... Elle ne m'a jamais abandonnée. Elle contribue largement à la raison d'être de ma vie, c'est vous dire à quel point je l'aime.

Comme activité de la vie quotidienne, je profite aussi de cette période pour apprendre à me servir de l'ordinateur. Je m'y suis prise de la même façon en ayant recours aux services d'un professeur à la maison et, dans la semaine, ma fille pouvait me guider lorsque je bloquais. Avec détermination, j'ai réussi à apprendre toutes les bases du traitement de texte.

Petit à petit, je me rends compte qu'assise je peux effectuer plusieurs activités.

Je me suis donc mise à penser que je pourrais retravailler, mais en choisissant un travail où je serais assise. Cependant, je devrais me rendre au travail; la question qui m'insécurise refait surface.

D'ailleurs, à cette étape, j'avais passé une expertise psychiatrique. Le psychiatre m'apostropha en me demandant : « Pourquoi vous n'allez pas travailler ? » Et ma réponse fut : « Amenez-moi la réunion d'équipe à domicile et je vous l'animerai avec professionnalisme et dextérité. Ce sont les déplacements qui m'invalident; je souffre de vertiges ponctuels qui m'angoissent et me créent des moments de panique. Sans cela, je serais très performante. »

C'est ainsi qu'en plus de faire de l'immersion en marchant sur le trottoir, j'entreprends de l'immersion à la conduite automobile, car je ne conduis plus. Je commence par moi-même à faire le tour du carré et doucement à agrandir le périmètre. Puis, après un certain temps, je vais toute seule en voiture à la pharmacie qui est à un coin de rue de chez moi. Quelle aventure pensez-vous : angoissée à un coin de rue de la maison ! Ne sous-estimez pas le danger. À ce moment, je tremble juste à l'idée d'entrer toute seule dans la pharmacie.

Je choisis une petite pharmacie et une petite épicerie, car les longues allées me font paniquer. J'ai peur de paralyser sur place.

Que vont-ils penser de moi ?

Si je tombe, si je panique, car j'éprouve toujours des vertiges qui n'annoncent pas leur arrivée.

J'apprivoise des actions dans un petit, puis un plus grand périmètre. Assise dans l'auto, je me sens en sécurité, confortable et en maîtrise de la voiture. Mais ma peur est de tomber en panne et devoir sortir du véhicule, me tenir debout et éprouver des vertiges.

En fin de compte, je commence à penser que je pourrais me trouver du travail, près de chez moi, mais une responsabilité sans mobilité continuelle.

C'est toute une décision à prendre, pensant que je devrai renoncer à mon emploi d'infirmière, moi qui suis une jeune cinquantenaire.

Que va-t-il m'arriver financièrement ?

Le prochain chapitre parlera de l'insécurité financière et des expertises psychiatriques.

Pistes de réflexion

Avec du recul, je réalise l'importance de vivre l'expérience optimale et de retrouver du plaisir à ressortir nos goûts et passions enfouis et de les actualiser.

L'expérience optimale est un de ces précieux outils qui nous amène à trouver la joie au quotidien, peu importe notre richesse ou notre état de santé par exemple.

J'aime me rappeler régulièrement, les huit caractéristiques majeures[4] :

1. *La tâche entreprise est réalisable, mais constitue un défi et exige une aptitude particulière;*

2. *L'individu se concentre sur ce qu'il fait;*

3. *La cible visée est claire;*

---

4   Tiré du livre : Vivre la psychologie du bonheur de Mihaly Csikszentmihalyi, Robert Laffont 2004, page 79.

4. *L'activité en cours fournit une rétroaction immédiate;*

5. *L'engagement de l'individu est profond et amenuise toute distraction;*

6. *La personne exerce le contrôle sur ses actions;*

7. *La préoccupation de soi disparaît, mais paradoxalement, le sens du soi est renforcé à la suite de l'expérience optimale;*

8. *La perception de la durée est altérée.*

Actuellement, l'écriture de ce livre m'amène à tendre vers l'expérience optimale, mais vous savez, pour d'autres personnes, ce peut être jouer aux cartes, aux échecs, peindre et cela peut aussi se produire dans des aspects du travail. Je vous invite à explorer vous aussi différentes avenues.

Chapitre 3

Insécurité financière et expertise psychiatrique

Que va-t-il m'arriver ? Je me sens assise entre deux chaises. Je veux guérir et retourner au travail, mais je me sens paralysée par l'ampleur du DÉFI. Je n'ose plus mesurer le temps qui passe. Ce que je vis ne se calcule pas en jours, ni en mois : je dois affronter le moindre ennui et ne pas perdre de vue ma décision de m'en sortir. Que me faut-il donc faire de plus ?

Le plus difficile pour moi, mis à part la sensation désagréable de me sentir honteuse, c'est de faire face à l'insécurité financière. Le besoin de sécurité est fondamental : il se trouve d'ailleurs au deuxième palier dans la pyramide de Maslow[5]. Le premier palier couvrant les besoins d'ordre physiologique,

---

5   fr.wikipedia.org/wiki/Abraham Maslow

Selon Abraham Maslow, psychologue spécialisé en recherche du milieu du XXe siècle, ce dernier nous informe qu'il considère que chaque palier doit être entièrement comblé avant que l'homme ne puisse combler le palier supérieur.

tels que manger, boire, dormir, respirer, se reproduire. J'en suis à me demander comment survivre, et pendant combien de temps mon état de convalescence va se prolonger.

Moi j'en suis au deuxième niveau qui représente les besoins de sécurité du corps, de l'emploi, de la santé globale et de la propriété. Il y a cinq paliers. Les besoins d'appartenance et affectifs qui font référence à l'amour, l'amitié, l'intimité, la famille, sont au troisième niveau.

Puis, en quatrième place, il y a la reconnaissance qui comprend l'estime de soi, la confiance, le respect des autres et par les autres. Et en cinquième positon on retrouve l'accomplissement personnel, la créativité, la résolution des problèmes et la spiritualité entre autres.

Pyramide de Maslow

Besoins de réalisation de soi
Plénitude psychologique

Besoins d'être reconnu
estime de soi et d'autrui, pouvoirs, bonheur

Besoins d'appartenance et de relations
fraternité, solidarité, convivialité, amour

Besoins de sécurité
survie, confort, tranquillité

Besoins Physilogiques, entretien de la vie matérielle
faim, soif, désir sexuel, besoin de sommeil

Selon différentes écoles de pensée, les opinions diffèrent, affirmant que l'on peut combler le palier quatre avant le deuxième par exemple.

Toutefois, je peux affirmer, pour l'avoir vécu en tant que personne invalide et en tant que consultante accompagnant les gens en invalidité, que l'insécurité financière qui se trouve au deuxième palier est une source de profond malaise. En soi, ce facteur de stress a des répercussions souvent dramatiques, voire même mortelles, entraînant des personnes fragilisées par leur état dépressif vers l'itinérance et parfois vers le suicide.

En invalidité, tous n'ont pas la chance d'avoir des couvertures d'assurance. Le recours à l'assurance-emploi, puis à l'aide sociale crée déjà un sentiment de dévalorisation. Tous n'ont pas non plus des proches en mesure de les aider financièrement tout en les soutenant sur le plan psychologique.

Je me questionne donc sans arrêt : comment vais-je m'y prendre pour gagner ma vie ? Combien de temps l'assureur me supportera-t-il ? Ces questions m'obsèdent.

Moi qui, toute jeune, avais appris à être très prévoyante, j'en étais rendue à dépendre des autres. Nous étions cinq enfants et nos parents avaient toujours travaillé très fort tenant un budget étroit pour subvenir à la famille et envoyer les enfants à l'université. Nous sommes donc allés à la bonne école. Je ramassais mes sous, je n'étais pas dépensière.

Je me rappelle avoir reçu une petite allocation hebdomadaire pour avoir effectué le ménage dans le salon de barbier de mon père, entre autres.

J'ai grandi dans cette culture de la prévoyance. À la veille de mon mariage, j'avais amassé plusieurs milliers de dollars dans mon compte en banque. J'avais donné cet argent à mon futur mari pour notre maison qui était en construction.

Je relate ces faits pour vous mettre en contexte : j'étais à mille lieues de penser qu'un jour, je serais dans l'inquiétude financière. Mon cheminement difficile m'a amenée à faire de mauvais investissements. Je me sentais doublement coupable de ces erreurs.

Je suis dans la peau de la personne qui vit de l'insécurité financière; je n'ai pas seulement à la comprendre, à la croire et à l'aider à trouver des pistes de solution. J'ai besoin des autres, moi !

Étant donc à ce moment payée par la compagnie d'assurance qui offre cette protection aux infirmières, cette dernière me convoque pour me soumettre à une expertise psychiatrique. Je vous dirais que recevoir une telle demande, qui sort d'un processus médico-légal, s'avère un choc en tant que tel et perturbe beaucoup émotionnellement.

Dans mon cas, lorsque je reçois cet avis, je suis encore à l'étape d'avoir peur de marcher seule sur le trottoir, j'ai aussi peur des gens que je ne connais pas. Je viens à peine de terminer le sevrage du médicament que je prenais et je poursuis ma réadaptation par palier.

Très ébranlée par cette demande, reçue par courrier recommandé, mais préalablement annoncée par la gestionnaire de cas de la compagnie d'assurance par téléphone, je reste bouche bée. Très secouée par cette demande, je panique, je ne dors plus et je pleure continuellement.

Je me sens comme une fraudeuse, car je constate qu'ils ne me croient pas, puisque je dois passer cette expertise. Complètement déstabilisée, je ne sais plus quoi faire. Puis, je me rappelle avoir lu une annonce dans le journal de quartier qui parle des services d'une entreprise qui aide les gens en invalidité aux prises avec les employeurs, les assureurs, la CSST, la SAAQ et la RRQ entre autres.

Je m'accroche avec frayeur au téléphone, je rejoins mon médecin traitant qui signe alors une demande d'expertise à domicile, le tout envoyé par lettre d'avocat. Ces démarches me grugent toute mon énergie.

Je constate encore une fois que je ne me sens pas en dépression, mais en état de panique, causé par des vertiges impromptus et l'insécurité financière.

Je ne vous cache pas cependant qu'à ce moment, la dépression me guette. Je me sens démunie, ébranlée, inquiète financièrement et bousculée par la gestionnaire de cas de la compagnie d'assurance. Cette dame était d'une froideur et d'une incompétence inqualifiable à mes yeux.

Si je peux me permettre mon analyse de cette prise de contact, se faire bousculer de la sorte n'est pas recommandé à personne, car ces frustrations ne font qu'amplifier les symptômes des personnes malades et peuvent provoquer une rechute.

Ce chapitre en est un particulièrement difficile à écrire pour moi. J'étais certaine de ne jamais manquer d'argent, je vous assure qu'après ce triste chapitre de ma vie, j'ai repris la maxime: « Il ne faut jamais dire jamais ».

Je pense entre autres aux gens qui perdent leur fortune et leur quiétude dans des placements qui s'avèrent liés à des fraudes ou scandales dont on parle beaucoup ces dernières années. Ces personnes subissent un choc qu'elles ne prévoyaient certainement pas, s'étant bien préparées en tenant un budget équilibré toute leur vie. Ces événements nous amènent à vivre un choc, un recul sur le plan de la sécurité, un deuil et ses étapes, mais principalement à rebondir et à devoir trouver des solutions.

Dans mon cas, la compagnie d'assurance couvre mes prestations, mais comme tout service dans ce domaine, ils cherchent le moyen de me soutenir le moins longtemps possible.

Je mentionne ces énoncés à titre informatif, afin de sensibiliser et de responsabiliser les gens. C'est important lorsque l'on commence un nouvel emploi de comprendre à quoi on s'engage en apposant sa signature au bas des formulaires. Comme la majorité des gens, la plupart du temps on ne lit pas complètement les formulaires, je fais moi aussi confiance. À titre informatif, si vous tombez malade et êtes payé par les assurances, en général vous avez signé une clause de traitement en réadaptation. Cette clause implique que vous devez accepter et participer aux services de traitement et réadaptation que l'on vous offrira, sinon vos prestations peuvent être coupées. Je vous recommande d'accepter ces services; je considère, pour être dans le domaine, qu'ils sont excellents en général et vous aideront à rebondir et sortir de cette période ardue.

Cependant, ce qui serait inacceptable à mon avis, serait de percevoir une pression indue. Ce que vous devriez sentir serait un effet motivant procuré par l'approche rassurante, encadrante et aidante de la part du professionnel en ressentant qu'il est là pour vous. Je tiens à mentionner qu'il est important pour votre mieux-être de vous impliquer dans votre plan de traitement et de faire reconnaître vos préférences et vos besoins particuliers. Je tiens aussi à signaler que vous pouvez et même devez oser faire une demande de changement de professionnel ou de personnel qui vous desservent si vous êtes mal à l'aise, mal servi, voire même bousculé; c'est inacceptable. Malheureusement, j'entends encore parfois ces remarques.

Je considère que tout le personnel travaillant pour les services d'assurance en réadaptation devrait avoir une formation de communication non violente, en prenant comme source celle enseignée par Marshall Rosenberg.

Certains aspects de l'approche des services de réadaptation seraient à améliorer. Tout en responsabilisant les patients, il faut prendre en compte la progression normale de ces derniers vers le retour à la santé ou vers la confirmation de l'invalidité. À titre d'exemple, si vous souffrez d'une dépendance aux drogues ou à l'alcool, c'est important d'en parler avec votre médecin traitant et de voir à poser des gestes pour mettre fin à cette dépendance. Je suis surprise de constater comment l'alcool et la drogue sont rentrés dans nos mœurs et considérés comme une « béquille » de plus en plus banalisée dans nos familles. Je pense que nous avons une sérieuse réflexion à faire en tant que société.

Je vous inviterais à être vigilant sur le sujet de la consommation quotidienne d'alcool. Actuellement, les émissions de télévision comme les « talk-shows », les téléromans, les films nous montrent que maintenant l'alcool fait partie de nos habitudes de vie quotidienne. J'ai observé que nous voyons constamment à la télévision des gens avec un verre de vin, que ce soit au restaurant, au retour du travail ou en soupant avec les enfants; le vin est présent partout et à tous les jours. Cela s'appelle du placement de produit, une forme de publicité.

Oui il y a *Éduc'alcool* qui nous revient en publicité plusieurs fois par jour, nous renseignant sur les limites d'alcool à respecter, mais je tiens quand même à vous donner ces informations pertinentes :

Effets pervers maladie mentale et alcool

L'Alcool et le sommeil

Certains individus ont parfois de la difficulté à trouver le sommeil lorsqu'ils éprouvent du stress. Pour combattre ce problème, ils peuvent avoir tendance à consommer de l'alcool, pensant ainsi faciliter leur sommeil. Bien entendu, l'alcool peut aider un individu à s'endormir. Cependant, l'alcool risque aussi de causer de l'insomnie et des éveils à répétition, augmentant ainsi les troubles du sommeil. L'alcool modifie le cycle de sommeil. Le lendemain d'une forte absorption d'alcool, une personne peut se sentir mal et fatiguée, même si elle a suffisamment dormi. Puisque l'alcool perturbe le sommeil – une composante essentielle de la santé mentale – les personnes souffrant de problèmes mentaux devraient réduire au minimum leur consommation d'alcool.

L'Alcool et les médicaments

La consommation d'alcool, même sans abus et sans problème de dépendance, peut nuire au rétablissement des personnes souffrant de troubles mentaux, surtout si elles prennent des médicaments. Les personnes souffrant de troubles mentaux, qui prennent des médicaments et qui consomment simultanément de l'alcool, risquent fort d'oublier de prendre leurs médicaments. De plus, l'alcool peut atténuer l'efficacité de leurs médicaments ou en diminuer l'élimination.

L'Alcool et le suicide

La majorité des personnes qui se suicident souffrent d'un trouble de santé mentale. Des chercheurs américains avancent même que neuf personnes sur dix qui se suicident auraient un problème de santé mentale reconnu. Le risque de suicide est 5,5 fois plus élevé chez les personnes qui ont un problème d'abus ou de dépendance à l'alcool que chez les autres. Il est aussi prouvé que les personnes souffrant d'un trouble mental – et qui consomment de l'alcool – ont un risque de suicide plus élevé.

Voir la publication complète sur Alcool et santé mentale - Éduc'alcool :
http://educalcool.qc.ca/alcool-et-vous/sante/alcool-et-sante-mentale/

À mon avis, ce qui est rassurant c'est que nous sommes une population honnête en général et, malgré le préjugé qui est parfois véhiculé, les gens en invalidité n'abusent pas du système. Les cas de fraudes sont l'exception. Malheureusement, la maladie psychologique ne l'est pas et, ces dernières années, les pourcentages déclarés sont en hausse constante.

Vous trouverez en annexe un document pour vous aider à :

Comprendre la notion d'invalidité pour naviguer avec les systèmes d'indemnisation[6]

Je pense que notre société est carencée sur le plan biopsychosocial. L'appât du gain, les ballons gonflables à vouloir posséder plus que notre voisin, l'éclatement des familles, la malbouffe, l'insécurité financière, le manque d'équilibre de vie et les maux physiques dus à l'inactivité ajoutent un stress important au manque de modèle positif, à la recherche de la reconnaissance de soi et à la perspective d'espoir qui permettent aux individus de se maintenir en action vers des buts réalistes.

J'ai une grande confiance en nos jeunes. Que ce soit nos jeunes familles, nos étudiants, nos nouveaux entrepreneurs. Ils arrivent dans la société avec une vision proactive et un désir profond de participer à bâtir une société saine à tous les niveaux. L'espoir est là; nos plus jeunes ont des modèles féminins et masculins pour s'inspirer et je constate qu'ils le font dans un esprit d'équilibre travail famille.

6   Concept établi par Carl Brouillette, ergothérapeute et président de Globalité mieux-être performance et chargé de cours à l'Université de Sherbrooke.

Insécurité financière et expertise

Lorsque je regarde l'émission « Fermiers urbains » à Radio-Canada et que je vois des potagers et poulaillers en ville, cela me réjouit.

Pour moi, un instant de bonheur est resté gravé : lorsque mon père avait accepté de m'acheter six poussins pour Pâques alors qu'initialement, on devait en acheter un seul. Vous imaginez le visage de ma mère. Cette femme stable, équilibrée et pondérée est restée bouche bée, devant nos achats ! Moi je suis plus spontanée et impulsive, comme mon père. Vous pouvez vous imaginer en 1960, avoir un poulailler dans notre cour à Montréal, quand le coq chante à cinq heures du matin ! C'était un plaisir et une responsabilité qui me reviennent en mémoire comme des moments très heureux de mon enfance. Par la suite, nous avons eu le plus grand des jardins, mais au chalet cette fois.

Je pense que mon père était aussi content que moi, mes sœurs et mon frère. Cela lui rappelait aussi lorsqu'il était petit dans le quartier Villeray, en 1935. L'esprit de famille autour des jardins et des minipoulaillers, ce qui représentait la survie alimentaire à cette époque d'après-crise économique.

Aurions-nous, en tant que baby-boomers, fait sauter cette étape à nos enfants ? Évidemment, ils la vivront en le faisant avec leurs enfants et nous la revivrons en compagnie de nos petits-enfants, en savourant un réel bonheur.

Chapitre 3

Me voilà à me préparer à faire face à cette expertise psychiatrique que je dois passer. Quelques mois plus tard, étant dans la crainte, le rappel par lettre du médecin me demande d'accepter une expertise à domicile : la deuxième convocation était un ultimatum.

• Cette fois, on me propose d'être accompagnée par un infirmier que je ne connais pas. Je reconnais qu'ils essaient de m'accommoder, mais j'ai peur. Dans mon diagnostic, il y a aussi une histoire de choc post-traumatique. J'ai quand même travaillé 25 ans en institut psychiatrique, œuvrant auprès d'une clientèle au potentiel assez dangereux. J'ai donc répondu dans le cadre de mon travail à plusieurs urgences risquées et périlleuses, qui m'ont marquée. Sans parler de quinze années partagées avec un homme professionnel en apparence et cultivé, mais au comportement rigide et au tempérament explosif.

• Comme contre-proposition, j'ai suggéré d'être accompagnée par une infirmière psychiatrique qui était à l'époque ma directrice. Cette dernière a accepté gentiment ; elle me prenait au sérieux et reconnaissait en moi toutes les qualités de l'excellente infirmière adjointe que j'avais été et que j'étais encore pour elle.

• Le matin de l'expertise, je suis fébrile, mais je tente de faire confiance à l'infirmière que je connais. Elle me conduit sur le boulevard l'Assomption à

Montréal dans une clinique où il y a des bureaux de psychiatres experts. En voiture, je suis inquiète et j'appréhende sa conduite automobile, je freine à sa place, en double conducteur stressé. Une fois arrivée dans le stationnement, je sors de la voiture, étourdie, mon infirmière m'aide en me tenant la main, jusqu'à l'entrée de l'édifice. Puis, je vois un long et large corridor et je perçois que je ne pourrai pas m'appuyer; j'éprouve alors des vertiges et je panique. L'infirmière m'accompagne, me rassure, demande une chaise, me laisse un moment et va chercher le fauteuil roulant. Elle me conduit de façon rassurante vers le bureau du psychiatre expert.

Un moment d'attente de quelques minutes me semble interminable, puis on m'appelle. Comme il y a du tapis et que je suis à quelques portes du bureau de l'expert, je finis par me rendre à destination sur mes deux pieds.

Une fois installée dans le fauteuil du patient, pour moi, le plus difficile est fait. Je réponds fébrilement au début aux questions du professionnel. Puis, doucement, je vois bien que cet homme ne montre aucune agressivité, ce qui m'aidera à me calmer et répondre à cette entrevue de façon pondérée. Ce dernier écrira plus tard dans son rapport « *Madame est de toute évidence intelligente* », mais « *le pronostic est réservé et sombre* ».

En lisant le rapport, je suis rassurée, car je vois qu'il me croit. Être écoutée et prise au sérieux est primordial et fait partie du rétablissement.

Cependant, le verdict du pronostic qualifié de « réservé et sombre » me donne un coup de dard en plein cœur. Avec ce rapport, on vient d'ébranler mon estime et ma confiance en moi. Je reçois dans ce message que oui je suis intelligente, mais que je ne pourrai plus être considérée fonctionnelle comme avant.

Ce qui est rassurant à l'étape où j'en suis, c'est que la compagnie d'assurance devra continuer à débourser des prestations, ce qui calme mon inquiétude financière pour quelque temps.

Tous les rapports d'expertise se contredisent parfois, variant sur l'axe du patient qui « devrait retourner au travail sur-le-champ » au spectre d'invalidité longue durée.. Qui croire ?

« À quoi sert l'expertise, au juste, sinon à mettre un terme aux prestations ? » Cette évaluation par un tiers est souvent demandée par l'assureur et l'employeur, mais le patient peut lui aussi, en défrayant les coûts, demander une contre-expertise si le résultat ne lui semble pas neutre.

Je vous rappelle que je vous ai inclus en annexe un chapitre sur les questions les plus courantes concernant les processus, avec les informations légales et le référencement afin de vous supporter dans vos démarches. J'aurais bien aimé avoir cette annexe à ma disposition lorsque j'ai vécu ces étapes. Ce complément d'information sera utile pour éclairer et baliser en donnant l'heure juste sur la plupart des questionnements qui pourraient surgir.

En survol, je vous mentionne que l'un des rôles de l'expert psychiatre est d'éclairer les autres médecins experts, bien souvent des généralistes, sollicités les premiers pour effectuer l'expertise. L'expert psychiatre est un spécialiste ayant pratiqué la plupart du temps depuis de nombreuses années et ayant une formation dans le domaine de l'évaluation diagnostique. L'expertise psychiatrique est une spécialité de pointe, car le profil du patient peut changer entre deux phases. Elle est supportée par une clinique voulant s'assurer d'un suivi rigoureux, en utilisant des barèmes d'évaluation et des concepts juridiques reconnus. N'oublions pas cependant que la mission du médecin devrait consister à assister les malades, souvent perdus au milieu d'innombrables difficultés.

À la suite de mon expertise, il se passera quelques mois avant que je retombe sur mes pieds, tout en poursuivant ma réadaptation.

Comme je le mentionne depuis le début, je ne me sens pas en dépression. Une fois le palier de la sécurité financière réglé temporairement, je m'attelle à l'accomplissement personnel, la créativité et la résolution des problèmes que l'on retrouve en cinquième palier de la pyramide de Maslow.

Je peux maintenant m'attaquer à mon troisième niveau, soit le sens d'appartenance.

Je décidai d'aller vers les groupes de soutien, moi qui me retrouve avec des problèmes de panique et d'agoraphobie suscités par la peur d'avoir des vertiges impromptus.

Phobies-Zéro et la Clé des champs[7]

J'ai trouvé sur ma route des services forts importants. Mon besoin d'écoute, d'empathie et d'implication dans des réseaux aidants prend alors le premier plan. Ma première satisfaction, c'est que les gens que je côtoie me croient. Eh oui, on m'a crue. De plus, j'ai partagé avec des personnes qui souffraient comme moi. Je m'y suis fait des amis. Ces groupes m'ont permis de m'exprimer et de briser l'isolement entre autres. Je recommande les groupes de soutien pour cette phase de retour à la socialisation. Je constate cependant que les gens en invalidité n'ont pas tous le réflexe d'aller vers ce genre d'activité, pour différentes raisons, et je respecte leur choix.

Dans ma pratique actuelle de consultante, certains me disent qu'ils ne veulent pas alourdir leur propre expérience en écoutant les peurs des autres, de crainte d'être négativement influencés. D'autres

---

7   www.**phobies-zero**.qc.ca www.**lacledeschamps**.org

portent la honte de leurs symptômes et ne sou-
haitent pas être reconnus. Je cherche simplement
à guider ces personnes fragiles vers toute forme
d'aide potentielle, lorsqu'elles se sentiront prêtes
à créer de nouveaux contacts. Chaque personne
trouvera bien un moyen qui lui conviendra pour
briser l'isolement.

J'ai aussi dans cette période commencé à faire
de l'immersion progressive dans le cabinet de dentiste de ma jeune sœur. J'ai commencé par faire de
l'entretien ménager; déjà l'obligation de sortir de
chez moi pour me rendre vers mon travail, c'était
un bon début pour moi. Après ces quelques heures
d'entretien minutieux, j'ai pu m'offrir la satisfaction d'un appareil dentaire étincelant. Je pratiquais
donc à nouveau l'idée d'optimiser ce bon pas. Que
pouvais-je expérimenter de plus ? Je suis allée
à la clinique dentaire lorsqu'il y avait des clients.
Je tremblais à la seule idée d'apporter une tasse
de café à la secrétaire au bout du tout petit corridor. J'avais peur d'échapper la tasse, de tituber
et de tomber. Ma sœur me confia du classement
pour commencer. Consciente que je pourrais faire
du ménage et du classement, je reprends un peu
confiance en moi.

Le fait d'avoir fait ces immersions dans le bureau de dentiste de ma sœur m'a amenée à m'inscrire à des cours dans l'idée de retravailler pour gagner ma vie autrement, même si je souffrais de vertiges imprévisibles.

Je vous amène dans mes salles de cours, avec le cœur battant, au prochain chapitre.

Pistes de réflexion

Avec du recul, je réalise combien j'ai travaillé fort pour me sortir d'une impasse que je croyais parfois insurmontable. Je pense sincèrement qu'il faut s'affirmer et persévérer. Malgré une accumulation de difficultés, nous ne sommes pas seuls et les mains se tendent lorsqu'on manifeste le désir de se laisser accompagner. Souvent, les gens autour de nous attendent un signal d'acceptation pour s'approcher. Demandez et vous recevrez...

Sur le plan financier, c'est très difficile de conjuguer avec les payeurs de prestations. Comme mentionné plus haut, je parlais de cette formation en communication non violente créée par Marshall Rosenberg. Pour ce spécialiste, le but de la CNV[8] est de « *favoriser une qualité de relations qui va permettre de répondre aux besoins des uns et des autres en étant uniquement motivé par l'élan du cœur et la joie de le faire* ». Il est aussi mentionné que « *La* **communication non violente** *utilise le langage et les interactions pour renforcer notre*

---

8   http://fr.wikipedia.org/wiki/Communication_non-violente (Rosenberg)

aptitude à donner avec bienveillance et à inspirer aux autres le désir d'en faire autant ». L'empathie est au cœur de ce processus de communication initié dans les années 1970, point commun avec l'approche centrée sur la personne du psychologue Carl Rogers dont Marshall B. Rosenberg fut l'un des élèves. Le terme *non-violent* est une référence au mouvement de Gandhi et signifie ici le fait de communiquer avec l'autre sans lui nuire. Marshall Rosenberg s'appuie également sur les travaux de l'économiste chilien Manfred Max-Neef, qui a analysé les besoins humains.

Ce qui me frappe le plus dans cet énoncé est « *le fait de communiquer avec l'autre sans lui nuire* ». Je pense et souhaite que les payeurs de prestations commencent à comprendre l'importance de cette courtoisie essentielle et apprécie le climat qui en découle, comme un rebond favorable à toutes les parties en cause.

Chapitre 4

Retour à l'école et immersion au travail

Je n'accepte pas le pronostic « réservé et sombre » qui s'abat sur moi, énoncé par le psychiatre expert. Pourtant, le tableau de ma condition s'améliore petit à petit. Moi, je souhaite et visualise que je pourrai retravailler.

L'assureur m'envoie, suite à l'expertise, une personne ressource à domicile pour évaluer financièrement ma retraite. Cependant, je ne suis pas à la veille de bénéficier de ces revenus; le but est de faire une analyse de prévisibilité. Le tableau est aussi sombre de ce côté. Après trente années de service ayant commencé à 17 ans comme remplaçante de vacances, je me retrouverai à 55 ans avec une retraite de 9 100 $ par année environ. Toute une somme !

À titre informatif, ce qui se produit c'est qu'il y a une quantité de pénalités en prenant sa retraite à 55 ans, et plus encore avant. Je suis donc sous le choc de cette annonce, après tant d'années de service que de me retrouver avec un revenu qui frôle le seuil de pauvreté. Quand on sait qu'un ministre se retire avec une pension à vie moyennant des conditions extrêmement moins exigeantes. Je suis ébranlée et cette annonce vient renforcer mon idée de vouloir retravailler. Oui pour gagner ma vie décemment, mais aussi pour me réaliser.

Suite à une amélioration de ma condition, qui se fait doucement par une série de petits pas, je reprends lentement confiance en moi, mais souffre toujours de vertiges inopinés. Faire de l'entretien ménager pour ma sœur cadette pourrait être une option. Cependant, je ne vous cacherai pas que mon « EGO » en prend un coup !

On dit souvent que faire du ménage est une occupation noble. Et, sincèrement, je considère que c'est vrai. Mais c'est une autre paire de manches quand cela vous concerne. Avoir étudié et fait de la formation continue toutes ces années, me voir avec mes guenilles et ma chaudière rouge, sincèrement, mis à part ma satisfaction d'arriver à faire quelque chose d'utile, je me sentais au départ honteuse et diminuée.

Cependant, graduellement, lorsque je me suis intégrée aux collègues de la clinique, cela m'a fait du bien de côtoyer des gens. Puis, au bout de quelques mois, lorsque j'ai revêtu mon sarrau blanc immaculé et empesé, j'ai senti mon regard lever vers le ciel. Le simple fait de porter ce vêtement me redonnait de l'estime envers moi-même. Mon orgueil a fondu et c'est devenu une expérience agréable. Je vous conseille fortement, c'est un truc personnel, même si vous demeurez à la maison, de vous habiller, coiffer et maquiller s'il y a lieu, tout comme pour aller travailler. Cela fait une réelle différence positive dans votre perception et celle des autres.

J'ai dédramatisé le pire qui puisse arriver, par exemple, si j'échappais la tasse de café. Je me suis dit : je vais me brûler ou quelques gouttes toucheront quelqu'un, je vais tacher les dossiers, le tapis ou mon sarrau blanc et principalement, j'ai vu que ma peur était d'avoir honte. Je suis étonnée de la grande place qu'occupe la honte. À un moment donné durant l'invalidité pour une raison que je vous expliquerai plus tard, j'ai dû porter un collet cervical. C'est à ce moment que je me suis rendu compte de l'empathie des gens face à la maladie physique visible comparativement à leur inconfort devant la maladie psychologique.

Je me souviens très bien qu'à l'épicerie, les gens me tenaient la porte et, à la caisse, ils échangeaient sur mon état de santé, me partageant le leur à l'occasion.

Je m'inclus dans ces gens déstabilisés devant la maladie mentale, moi qui pourtant avais un immense respect pour mes patients hospitalisés en psychiatrie. Mais là, je me retrouvais avec de la honte pour moi-même.

Je me suis beaucoup questionnée sur la source de la honte que j'éprouvais. Pour arriver à comprendre entre autres que : « *La honte comprend la perception d'une faute, l'obligation au secret et l'autodépréciation* » et aussi que « *On peut diminuer ou faire disparaître la culpabilité et la honte en évaluant la gravité de nos gestes ou actions, en évaluant sa part de responsabilité personnelle, en rompant le silence, en se pardonnant, en réparant les dommages causés ou en s'amendant* ».[9]

Il est aussi mentionné dans le livre Dépression et anxiété : comprendre et surmonter par l'approche cognitive que : « *La culpabilité et la honte sont des émotions étroitement reliées. Nous avons tendance à nous sentir coupables lorsque nous enfreignons une règle importante ou que nous n'atteignons pas nos standards personnels.* »

---

9   Dennis Greenberger, Ph.D., Christine Padesky, Ph.D., Dépression et anxiété : comprendre et surmonter par l'approche cognitive, Décarie Éditeur, 2004, page 258.

En ce qui me concerne, je suis arrivée à relativiser, quand j'ai compris que la honte que j'éprouvais émanait d'un conflit avec mes valeurs profondes qui étaient, entre autres, la réussite professionnelle et l'aisance financière.

Avec la description que je vous ai faite de mon escapade dans le bureau de dentiste, vous comprendrez qu'à cette période, je ne me voyais pas infirmière avec toute la responsabilité que ce rôle comporte. J'étais trop fébrile et j'éprouvais de la difficulté à vivre ma vie au quotidien. En tant qu'infirmières, nous avons la mission de répondre aux besoins des gens, de pallier à leurs manques et de les aider à retrouver leur autonomie. Je remplissais à ce moment-là mon rôle d'infirmière pour moi-même.

Ayant répondu à de nombreux états d'urgence en institution psychiatrique et ailleurs, je suis bien placée pour analyser ma situation. Et j'en arrivais à conclure que mon état à cette époque était loin d'être optimal pour répondre à la tâche et aux responsabilités du rôle que j'occupais avant.

En revenant à mon passé, je me revois encore au chalet, dans l'eau du lac des Pins, entendre un bruit strident et infernal venant de la route et ma fille qui me dit spontanément « MAMAN, tu es infirmière ! », elle venait de trouver sa solution. Sortie du lac immédiatement, j'accroche une serviette et j'accours sur la grande route.

Quel drame ! Une voiture sport rouge est entrée de plein fouet dans le camion girafe de la compagnie de téléphone stationné en sens inverse. La girafe abritait un travailleur s'affairant à réparer les fils téléphoniques dans sa cabine, en haut des airs.

Quel désastre ! Le temps de marcher jusqu'à l'accident, des gens commencent à affluer autour de la scène. Comme personne ne l'a fait, je prends la situation en charge, demande à une personne précise qu'on appelle les secours. Puis, je commence une évaluation rapide des blessés. Le technicien de la compagnie de téléphone est couché sur le dos, conscient, dit qu'il se sent paralysé, mais il respire.

Le conducteur de la voiture est visiblement décédé sous l'impact, se retrouvant sur le siège arrière de l'auto, la nuque brisée, il ne respire plus et son cœur a cessé de battre; des manœuvres de réanimation sont tentées, mais en vain. De l'essence provenant du réservoir du véhicule s'écoule dans la rue : danger... il faut sortir la passagère qui est coincée avant que le tout s'enflamme et évidemment voir à déplacer notre technicien étendu sur le bord de la route. Les secours arrivent ensuite; j'ai pu transférer la prise en charge aux personnes formées à cette fin.

Je vous décris cette scène que j'ai vécue et j'ai la bouche sèche en revivant ces souvenirs avec intensité. Je vous amène sur ces scènes dramatiques pour vous expliquer l'ampleur du rôle de premier répondant en cas d'urgence et cela, j'y répondais fidèlement. Et me voir en invalidité, amoindrie, si dépourvue...

Je souffre d'hypervigilance. L'hypervigilance ou vigilance augmentée se rencontre de façon adaptée dans les situations de danger. Mais durant ma période d'invalidité, je me retrouve fréquemment aux aguets en état d'alerte ou d'hyperéveil malgré l'absence de danger imminent. Ayant été en état d'alerte de nombreuses années, confrontée à la menace de mon intégrité physique ou celle d'une autre personne, mon corps réagit inadéquatement.

À titre d'exemple, lorsque je suis au restaurant, je suis comme un animal, les oreilles dressées, attentive à tout client qui ose toussoter. Je me tiens prête à intervenir pour appliquer la « méthode de Heimlich », de plus en plus connue pour désobstruer les voies respiratoires d'une personne qui s'étouffe en mangeant. Ma réaction est cependant amplifiée, voire inadaptée.

En maladie, j'ai accentué mon état d'hypervigilance, dû entre autres aux vertiges impromptus. Un jour, je suis chez mon copain et il attend la livraison d'électroménagers. J'éprouve de l'anxiété d'anticipation, parce que je me suis mise en attente pour répondre à l'urgence au cas où les déménageurs tomberaient. J'aurais à répondre à l'urgence, mais je m'en sens incapable, car j'ai peur d'être étourdie.

Avec du recul, j'y vois bien toute la notion de responsabilité rattachée aux impondérables d'être membre d'un ordre professionnel, mais aussi à une autre valeur profonde ancrée en moi, soit de « ne pas nuire ». Comme le disait Hippocrate : « *Primum non nocere* », c'est-à-dire d'abord ne pas nuire. J'ajouterais arriver à aider, mais surtout ne pas nuire.

J'ai un grand respect et de l'admiration pour les gens et professionnels qui répondent aux urgences, que ce soit les ambulanciers, les pompiers, les médecins, les chirurgiens et toutes ces personnes qui, après des cours de secourisme, ont la capacité de nous venir en aide. Quelle maîtrise et, comme vous pouvez le constater, ils deviennent disponibles 24 heures sur 24, en vacances, au restaurant, sur la route, etc.

En dépit de ces peurs, mon besoin et désir de retourner au travail m'amenaient à tenter chaque jour de faire un pas vers le défi à relever. Suite à mon épisode passé à la clinique dentaire, une occasion se présente à moi pour distribuer des produits cosmétiques haut de gamme parisiens. Il est évident que je vise parfois un peu trop haut considérant mes difficultés. Comme mon objectif principal est de retourner au travail, je dois regarder les quelques avenues réalistes qui s'offrent à moi. Ce qui m'apparaît évident, c'est qu'il y a une forte dualité entre mon désir et ma réelle capacité. J'ai l'impression que je veux renverser le pronostic qualifié de sombre. La marchande de bonheur que j'étais plus jeune veut refaire surface. Je vous dirais que ce qui me tient en vie c'est l'ESPOIR.

J'ai comme modèle les personnes qui réussissent à gagner leur vie en conjuguant avec leur handicap.

La publicité nous a fait miroiter pendant plusieurs décennies que le bonheur rimait avec retraite, voyages, loisirs. Et moi, je veux travailler. Je pense sincèrement que si j'abdique, je vais dépérir, me considérant invalide pour le restant de mes jours, en recevant des prestations dans ma boîte aux lettres. Comme je l'affirme depuis le début, je ne me sens pas en dépression; je suis insécurisée et déstabilisée par des vertiges inopinés qui m'arrivent régulièrement de jour et trois, quatre fois la nuit, me réveillant brusquement. Il faut dire que plus jeune, je n'étais pas la reine de l'équilibre. J'aimais les sports aquatiques où je m'y sentais comme un poisson dans l'eau. Tandis que sur terre, la bicyclette, le patin à roulettes et le patin à glace ne m'attiraient pas vraiment, car mon équilibre était fluctuant. Je nomme cette composante pour mentionner que nous sommes tous différents, chacun ayant ses forces et faiblesses. Cette composante ne m'a sûrement pas aidée dans ma réadaptation en exacerbant ma peur de tomber et d'éprouver des vertiges.

Les personnes du service de réadaptation qui m'accompagnent saisissent donc très nettement mon élan de désir pour travailler et elles me guident dans cette avenue.

Je me suis alors payé un cours d'esthétique, dispensé les fins de semaine, dans le but de comprendre les techniques de l'esthéticienne et de parler son langage, et ainsi pouvoir ensuite offrir mes produits cosmétiques haut de gamme parisiens. Toute une aventure que de m'y rendre, avoir peur de tomber, de me faire approcher et devoir recevoir des traitements prodigués par les autres élèves. J'ai réussi, mais je n'étais pas à la veille de me faire un salaire raisonnable. De façon connexe, j'ai par la suite suivi un cours de soins de pieds qui me permettait de pratiquer comme infirmière. Tout un épisode encore une fois qui fut entrecoupé d'une vérification de mes connaissances et compétences faite par l'Ordre des infirmières pour protéger la population. J'ai réussi cette inspection avec brio, m'a-t-on confirmé.

La compagnie d'assurance m'offrira ensuite une quittance de nature confidentielle, qui me sera accordée pour combler une partie du manque à gagner jusqu'à ma retraite. Cette offre considérait que je pourrais rapidement travailler et subvenir à mes besoins. Mais comme j'avais des conditions de santé particulières, je n'osais pas offrir mes services à un employeur. Je suis donc devenue un travailleur autonome avec tout ce que cela comporte de complexité. Je ne vous apprends rien en vous disant que de se lancer à son compte demande du temps, voire même des années avant d'être reconnus. Je conciliais à la miette, soins esthétiques, soins de pieds et distribution de produits. Après avoir fait le tour de mes connaissances et sollicité leur clientèle, je ne roulais pas sur l'or. Surtout que j'étais brimée par ma condition et insécurisée dans mes déplacements.

En 2006, après quelques entrevues, l'entreprise en promotion de la santé ACTI-MENU, m'a accueillie comme infirmière consultante. J'y ai fait pendant cinq ans du *counselling* téléphonique en télétravail. Un emploi sur mesure à l'époque, car je n'avais pas de déplacements à faire et j'aimais ce travail de coaching. J'ai toujours eu de l'attrait et de l'intérêt pour la prévention en santé globale.

Éduqués à la saine alimentation en bas âge, nos parents nous offraient dans les années 60 des jus de carotte, du germe de blé, de la levure de bière, des légumes et fruits frais en abondance. Ma mère n'achetait aucun repas cuisiné; toute la nourriture était cuisinée par elle. Au retour de l'école, ça sentait toujours bon à la maison : de la compote aux pommes et pêches, du ketchup qui nous chatouillait le nez depuis quelques coins de rue, du rôti de bœuf juteux mijoté avec des oignons. Hum ! Je vous en parle et j'en ai l'eau à la bouche. D'ailleurs, mes amies me faisaient remarquer que nous étions chanceux d'avoir une mère et un père qui s'occupaient autant de nous.

Bref, avec mon intérêt marqué pour plusieurs aspects de la santé, j'ai obtenu cet emploi qui me permettait de combler mon double besoin : être utile et mieux gagner ma vie.

Pistes de réflexion

Avec du recul, je tiens à vous dire que si vous demeurez dans votre emploi seulement pour les sommes cumulées en vue de votre retraite, sincèrement, il est impératif pour vous, de faire une réflexion et une analyse. Pour être passée par ce cheminement, je vous assure avoir été abasourdie quand on a fait le décompte prévisible pour ma retraite. Il est important de réaliser un inventaire des points positifs et négatifs en rapport avec votre emploi. Je pense que si la balance est égale et que la décision revient à conserver votre emploi, je vous propose fortement d'exploiter vos passions en parallèle. Si le bilan est favorable pour le travail, c'est tant mieux, mais soyez vigilant à conserver l'équilibre des trois ballons, soit Amour, Travail, Loisirs. Cette image est utilisée chez ACTI-MENU[10] pour réfléchir à la notion d'équilibre. On voit la nacelle

---

10   www.actimenu.ca

d'un ballon dirigeable soutenue par trois ballons; il faut idéalement toujours en avoir au moins deux bien gonflés si l'on veut arriver à bon port.

J'ajouterais que, pour veiller à votre santé, une alimentation saine et l'activité physique sont deux ballons importants. Je vous invite à consulter et faire votre roue de l'équilibre sur mon site : http://www.intersante.net/test.html

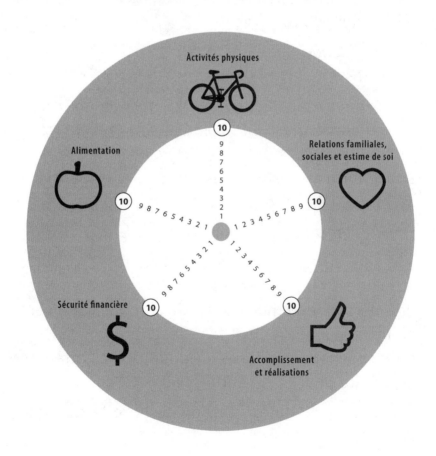

Et si la balance est complètement négative en rapport avec votre travail, il faut absolument agir. Sinon, vous serez aspiré à court ou moyen terme par la détresse et la maladie. Voici les questions à se poser[11] :

A. *« D'où vient mon insatisfaction ? Est-ce mon travail qui me rend malheureux ou est-ce ma vie personnelle qui déteint sur ma vie professionnelle ?*

B. *Souffrirais-je sans le savoir d'épuisement professionnel ou de dépression ?*

C. *Un congé sans solde pourrait-il ranimer ma motivation ?*

D. *Si mon insatisfaction vient de mon travail, changer de carrière est-il la bonne solution ? Pourrais-je retrouver le bonheur en travaillant moins ? En sollicitant une rétrogradation ? En demandant une mutation à un autre service ?*

« Plonger ou ne pas plonger, voilà la question ! »

Je sais qu'il y a de multiples facettes à explorer et qu'il est plus sage de se faire accompagner par une personne compétente. Un ami qui vous veut du bien peut réellement faire la différence. J'en retiens un choix important, celui de ne pas attendre la retraite pour être heureux !

Dans l'article du journal, on se pose la question suivante :

---

11   Journal Les affaires, 3 mars 2012, no 9 page 1 « Tout lâcher... et rebondir », par Dominique Froment.

Chapitre 4

« *L'échelle du bonheur ou celle des salaires ?* »
N'ayant pas les données en ce qui vous concerne,
je vous invite à la réflexion !

Chapitre 5

Les bonnes habitudes de vie

Il existe une telle diversité de situation que les énumérer toutes me semble impossible. Je peux cependant proposer dans ce chapitre, différentes situations que j'ai explorées et expérimentées dans mon quotidien et lors d'accompagnements professionnels. Vous trouverez sûrement des pistes de solutions, soit pour vous-mêmes ou peut-être pour un proche.

Différents motifs amènent les gens à consulter. Certains sont en invalidité, aux prises avec des problèmes qu'ils qualifient d'insurmontables, et ils ne voient plus la lumière au « bout du tunnel ». J'interviens parfois en mode « Urgence » pour aider la personne à voir clair dans sa situation de détresse. Dans un premier temps, ce qui est aidant, c'est d'être accueilli, écouté et cru. Dans un deuxième temps, c'est d'aider la personne à se fixer un objectif réaliste et de prendre un engagement face à la décision de le réaliser progressivement.

Certains viennent me consulter sous la recommandation des entreprises prestataires d'indemnités pour entreprendre un programme de mobilisation en santé mentale et globale. L'attente de l'employeur est de permettre à la personne en convalescence de retourner au travail dès que possible, dans un contexte favorable. La majorité du temps, cette démarche a pour but de trouver l'aide appropriée, dans une approche de saine gestion de ses activités quotidiennes (AVQ). Il sera ainsi possible de retrouver un horaire compatible avec le travail à accomplir.

Ma façon de faire s'oriente toujours en premier vers l'établissement de la relation infirmière-client, en écoutant le point de vue du client, où il veut aller, explorer les avenues possibles avec la personne et la rediriger selon ses besoins.

D'autres arrivent simplement animés d'un désir de se prendre en main. Il y a aussi les entreprises qui requièrent mon service pour les aider à recréer un esprit sain et d'entraide dans leurs milieux.

Ma façon de faire est nettement inspirée de mon expérience acquise au cours des années de pratique en soins infirmiers auprès du patient, en gestion auprès des employés et collègues, ainsi que de mon expérience personnelle acquise pendant cette période où j'ai moi aussi vécu une invalidité.

Ce chapitre sur « les bonnes habitudes de vie saine » s'adresse à tout le monde, mais ma crainte était que ce soit redondant, car on entend davantage parler de la bonne santé ces derniers temps. Cependant, en posant la question pour voir s'il y avait un intérêt, on m'a répondu : « Les ingrédients dans une recette sont souvent les mêmes; or, les goûts et usages seront très variés... Ce chapitre contient des clés. Regardez cette dynamique avec la lunette du lecteur qui a besoin d'outils et d'exemples ».

Cette réflexion de ma coach d'écriture m'a donné un élan de motivation pour poursuivre. Alors, lorsqu'une personne me consulte, j'évalue son degré de motivation. Ce goût ou élan peut s'évaluer par exemple être 1/10, zéro étant le plus bas niveau de motivation. Cependant, je dois vous dire que si la personne évalue son attrait pour se prendre en main à 0/10, il est certain que je dois explorer autre chose que l'amélioration des habitudes de vie. Je peux aussi respecter le choix de la personne, soit de ne pas intervenir et lui mentionner de revenir quand elle sera prête à s'investir dans son parcours vers la santé.

Si nous sommes dans le cadre de réadaptation mandatée par un tiers, le payeur de prime par exemple, je dois cependant mentionner au participant que les prestataires pourraient couper les prestations pour refus de coopération avec les services de réadaptation.

Auparavant, cette approche m'apparaissait trop drastique; il est bien évident que tout cela dépend de la façon d'aborder la question. Je vous dirais que souvent cette forme de direction basée sur les objectifs à atteindre aide les personnes à enclencher un processus vers un mieux-être.

Il est important d'écouter la personne authentiquement; cette dernière se sentira crue et percevra concrètement le sentiment d'être acceptée telle qu'elle est. En général, il se produira petit à petit un impact sur son mieux-être qui l'amènera à se prendre en main.

J'utilise beaucoup l'entretien motivationnel qui est une méthode de communication centrée sur le client. L'entretien motivationnel est considéré comme une évolution de la relation d'aide. Cette méthode m'amène à m'adapter aux préoccupations, aux difficultés et même à la résistance du client afin de lui permettre d'y renoncer. Je n'impose rien, mais l'examen des arguments permet de prendre un certain recul sur les décisions.

Les quatre principes généraux de l'entretien motivationnel sont les suivants[12] :

- *Exprimer de l'empathie*

- *Développer la divergence*

- *Rouler avec la résistance*

- *Renforcer le sentiment d'efficacité personnelle*

« *Quoique le sentiment d'efficacité personnelle soit une expression relativement récente, les soignants ont depuis longtemps compris que l'espoir et la croyance sont des éléments importants du changement. Les attentes du consultant sur la probabilité d'un changement donné chez un patient ont un effet puissant sur le résultat, comme une prédiction qui induit sa réalisation. L'un des objectifs généraux de l'entretien motivationnel est d'augmenter la confiance du client dans ses capacités à surmonter les obstacles et à réussir son changement. C'est le client, et non l'intervenant, qui est responsable du choix et du développement des changements.* »

PsyMontréal, une entreprise qui offre de l'accompagnement et de la formation en entrevue motivationnelle, nous offre quatre conseils utiles pour nous aider à réaliser nos objectifs. Ces suggestions peuvent vous aider à entreprendre vos changements de comportement sur le plan de la santé.

---

12   Ceci est tiré du livre William R. Miller, Stephen Rollnick, L'entretien motivationnel, InterÉditions, Paris, 2006, page 43-48

1. Ne lâchez pas !

La majorité des personnes qui ont entrepris un changement de comportement positif ont essayé et rechuté plusieurs fois avant d'avoir atteint leurs buts. Ceci démontre qu'il est normal que des rechutes puissent se produire, mais ne lâchez surtout pas ! C'est comme lorsqu'on lance les dés : on a seulement une chance sur six de lancer un 1, mais si on n'arrête pas de le lancer, on va éventuellement réussir à obtenir le 1.

2. Écrivez vos barrières au changement et trouvez des solutions à l'avance

Par exemple, écrivez les barrières qui pourraient vous empêcher de mieux manger ou de faire plus d'exercices. Ensuite, trouvez une solution concrète et détaillée pour chaque barrière. Par exemple, vous pouvez écrire un plan détaillé décrivant quoi faire lorsque c'est l'heure du dîner, on est pressé dans le temps, on a oublié d'apporter notre lunch et on est affamé... on aurait peut-être tendance à opter pour un restaurant, mais est-ce qu'on est obligé de choisir un repas débordant de gras saturé ? Si on planifie d'avance pour de telles situations, on peut faire un peu de recherche pour trouver des restaurants proches de nous qui offrent des repas santé. Mais ensuite, la question se pose : est-ce qu'on veut vraiment opter pour le repas santé et abandonner le repas savoureux et ultra rapide plein de gras saturé ? Pour résoudre ce problème, il faut utiliser les stratégies décrites dans les conseils 3 et 4...

3. Écrivez ce qui vous motive à changer

Les études démontrent que si vous écrivez vos objectifs et pourquoi ces changements sont importants pour vous, vous serez plus porté à rester motivé jusqu'à l'accomplissement de votre objectif que si au contraire il n'y avait pas d'avantages pour vous ou de raisons valables à effectuer ces changements.

4. Cherchez de l'aide !

Pourquoi chercher de l'aide ? Car cela augmente vos chances de réussite.[13]

La plupart du temps, les intentions de changement des gens sont, pour plus de la moitié, de faire plus d'activités physiques et, pour l'autre moitié, d'améliorer leur alimentation, perdre du poids et couramment les trois.

Tout d'abord, c'est de **voir** avec la personne qu'est-ce qui est **le plus important pour elle**.

---

13   http://www.psymontreal.com/nutrition_exercice/habitudes_de_vie_
fr/conseils.htm

Si par exemple elle arrête son objectif sur l'**alimentation**, voici quelques suggestions. Nous avons bien sûr le *Guide alimentaire canadien* version améliorée vers 2007 qui s'avère aidant.[14]

Suite à mes observations cliniques, j'ai constaté qu'en général les gens ne consomment pas suffisamment de légumes. Il est recommandé dans le *Guide alimentaire canadien*, de manger de 7-8 portions de fruits-légumes pour les femmes de 19 à 50 ans et 8-10 portions pour les hommes de 19 à 50 ans. Une portion équivaut à 1/2 tasse. Il est aussi mentionné que l'on peut manger que des légumes, tandis que les portions de fruits sont variables, selon les goûts.

Il est bien évident que l'approche doit être individualisée. Si vous mangez actuellement 2 portions de légumes par jour, déjà d'augmenter à 4-5 portions par jour sera très valable. L'important c'est d'apprivoiser les goûts, d'aller vers les fruits et légumes qui nous attirent, puis de créer une habitude. De nombreuses études ont montré qu'en seulement **21 jours**, le cerveau est capable d'adopter une nouvelle habitude. Suite à la répétition de l'action désirée, le cerveau induit un automatisme de réussite. Et il se créé une empreinte neurologique d'une nouvelle habitude. Norman Doidge psychiatre, psychanalyste et chercheur à l'université Columbia à New York, nous le dévoile d'ailleurs, dans son livre qui a pour titre « *Les étonnants pouvoirs de transformation*

---

14   http://www.hc-sc.gc.ca/fn-an/food-guide-aliment/index-fra.php

du cerveau/Guérir grâce à la neuroplasticité ». « Le cerveau peut changer et se transformer par lui-même. Une découverte médicale qui bouleverse le champ des neurosciences. Le credo de cette révolution : la neuroplasticité, qui révèle les pouvoirs étonnants du cerveau, capable de compenser des déficiences, des lésions, de se réparer, mais aussi de se développer et de s'améliorer, non seulement pendant la petite enfance, comme on le sait depuis longtemps, mais également à un âge avancé... »[15]

Il y a maintenant plusieurs approches issues de ou confirmant la neuroplasticité du cerveau, soit le neurofeedback, le biofeedback, la méditation, la psychothérapie et la spiritualité, entre autres.

Je vous suggère simplement cette forme de neuroplasticité, il s'agit d'essayer les 21 jours répétitifs sur une habitude simple que vous désirez acquérir ou perdre ; vous verrez, c'est surprenant, cela fonctionne vraiment !

Usez de créativité pour apprêter vos légumes. Ils sont délicieux crus, râpés, avec du jus de citron, des herbes fraîches et une bonne huile d'olive de première pression. Je vous propose aussi de les manger en potages. Ils sont faciles à réaliser. À titre d'exemple : faites cuire un brocoli dans un bon bouillon de poulet ou de légumes; à la fin de la cuisson, ajoutez de la laitue pour épaissir et des fines herbes, puis passez le tout au mixeur ou au

15   Doidge, Norman, Les étonnants pouvoirs de transformation du cerveau, Editeur Belfond, Paris, 2008, 442 pages.

bras-mélangeur, selon la texture désirée. C'est tout simplement délicieux et vous aurez plus de deux portions de légumes par bol de soupe. On peut faire cette soupe avec du chou-fleur assaisonné de poudre de cari. C'est aussi intéressant avec des courgettes, des oignons et des tomates. C'est bon avec du poireau, des tomates et quelques morceaux de bon pain à grains entiers.

En général, les gens épaississent leur potage avec des pommes de terre; moi je vous suggère la laitue et je le fais aussi avec de la farine de sarrasin.

Il y a, bien sûr aussi, toutes les bonnes salades de légumes que l'on peut faire avec les légumes du jardin, mais aussi avec les légumes cuits pour le souper de la veille. Pour ma part, j'en fais toujours une grande quantité, car j'aime bien les manger froids relevés de vinaigre balsamique, un peu d'huile d'olive de première pression et quelques herbes. On peut aussi ajouter toutes sortes de graines germées.

Un deuxième facteur qui m'interpelle c'est l'eau que l'on boit en faible quantité. Heureusement, la publicité est favorable à contrer cette carence de nos jours. Mais la plupart d'entre nous ont à acquérir la bonne habitude de boire davantage d'eau. Je vous suggère d'ajouter un peu de jus de citron ou un peu de jus de fruits, si cela vous plaît.

L'eau est un élément essentiel de la vie. Notre corps étant composé d'environ 70 % d'eau, on comprend vite que l'eau que nous buvons chaque jour fait partie intégrante d'un mode de vie saine. « *Alors, combien d'eau boire ? Pour la plupart d'entre nous, il est nécessaire de boire 1,5 à 2 litres d'eau par jour. Ces quantités peuvent varier en fonction du type de nourriture, de l'activité physique, du degré de transpiration, de la température ambiante, etc. C'est une question de bon sens. Dans tous les cas, lorsque vous constatez que l'urine devient concentrée, c'est un signe que vous devez boire davantage d'eau.* »[16]

J'aimerais aussi vous parler des bons grains. Nous mangeons généralement du pain de blé; je vous invite à explorer les pains et pâtes faits avec du sarrasin, du kamut, de l'épeautre, du quinoa, du seigle, du millet et autres. Au lieu d'accompagner vos plats de riz, essayez les grains d'orge, de millet, de sarrasin et autres, vous verrez comme c'est délicieux !

Plusieurs personnes me disent que bien manger coûte trop cher !

Je reconnais que, ces dernières années, le coût de notre liste d'épicerie a beaucoup augmenté. Je vais vous partager quelques idées pour diminuer les coûts de vos repas. Ajoutez les légumineuses à la planification de vos repas : soit la soupe aux

16   Cornelius G. Bulik, Dr Réjean Daigneault, *Encore jeune à 100 ans*, Guérin éditeur, 1999, page 104.

pois, le chili aux légumineuses, les pois chiches en humus, en salade et en soupe. Il y a aussi le tofu à prix très abordable qui s'adapte à la saveur que vous désirez, soit dans les sauces à spaghetti, les sautés de légumes, les pâtés chinois, les tartinades.

Voici le lien vers SOS Cuisine[17], un site qui saura vous aider à la planification et au coût de chaque repas, selon les spéciaux et selon votre diète, s'il y a lieu.

Si votre objectif se pointe sur l'activité physique, il est recommandé d'y aller graduellement. La notion d'habitude s'installera doucement en même temps que l'endurance.

Vous pourrez trouver sur le site de Kino-Québec[18] beaucoup d'informations pertinentes et aidantes pour vous motiver à passer à l'action.

Par exemple, on nous mentionne que marcher 10 à 20 minutes une fois par semaine est déjà bon pour le moral; 10 à 20 minutes deux fois par semaine suscite un meilleur sommeil et une diminution du stress et de l'anxiété; 30 à 40 minutes trois fois par semaine améliore la condition physique et donne l'impression d'avoir plus d'énergie et d'être bien dans sa peau; puis, une heure, trois à cinq fois par semaine procure un effet protecteur contre les maladies cardio-vasculaires et le diabète et aide au contrôle du poids.

---

17   http://www.soscuisine.com
18   Kino-Québec, Carnet du marcheur, page 4.

Allez-y avec le sport que vous aimez, mais l'important c'est de s'y mettre, peu importe notre âge. Au besoin, se faire aider dans nos choix par des personnes qualifiées. Vous le savez sûrement, il vaut mieux faire 30 minutes de marche par jour qu'une grande randonnée de temps à autre si on veut entretenir sa forme.

Un autre point qui entre dans les bonnes habitudes de vie, concerne l'AMOUR avec un grand « A ». Je parle de l'estime de soi, du couple, ainsi que des relations familiales et sociales. Je considère que tous les points de la santé globalement sont inter-reliés. Si on prend le temps de faire de l'activité physique et de mieux s'alimenter, automatiquement on soigne aussi notre estime de soi.

Conséquemment, nos relations de couple, familiales et sociales se porteront mieux, car le fait de prendre soin de soi signifie aux gens autour de vous que vous serez plus en forme pour être à leur écoute.

Et vous deviendrez peut-être un modèle que vos proches voudront imiter, pour se sentir bien dans leur peau à leur tour, qui sait...

Face à votre entourage, je vous dirais que le meilleur service que vous pouvez leur rendre, c'est de prendre soin de vous. Je le constate, lorsque je rencontre les proches des clients, ils se sentent soulagés de voir leurs parents ou conjoints se prendre en mains. L'entourage de la personne en invalidité se retrouve souvent démuni et parfois se culpabilise en se sentant plus ou moins responsable de la situation, à cause de l'impuissance éprouvée. L'entourage, à son tour, doit aussi prendre soin de lui, car nous ne sommes pas aidants si nous sommes trop fragiles.

« La personne que nous pouvons et que nous avons le plus besoin d'aider, c'est soi-même ! »[19]

Comment prendre soin de soi :

L'écriture de ce livre m'aide à nommer les mots « non dits », évitant ainsi qu'ils ne se transforment en véritables symptômes. Cela est à la portée de tous. Vous serez seul face à votre texte et la réflexion qui passe à l'écrit prendra un autre sens.

• Pratiquer un sport, s'inscrire à une chorale, apprendre à jouer d'un instrument de musique. Une liste vous aiderait ?

• Prendre un bain réconfortant aux huiles essentielles.

• Se faire coiffer, recevoir un massage.

• Se faire plaisir en faisant des choses que l'on aime.

• S'offrir un souper avec un(e) ami(e).

• Rire, chanter, danser...

---

19   Fletcher Peacock, auteur du livre Arrosez les fleurs pas les mauvaises herbes ! Les Éditions de l'Homme, 2007.

Nous pouvons prendre soin de nous aussi en pratiquant certaines méthodes très simples de détente.[20]

En voici quelques-unes que vous pouvez expérimenter :

- Respiration consciente

- La respiration du cœur (cohérence cardiaque)

- Méditation

- Relaxation Jacobson

- Visualisation

- Technique Nadeau

Je vous invite aussi à analyser vos propres habitudes de vie. Posez-vous cette question : Que signifie « **Gérer son stress** » et comment arriver à le faire ? Je vous invite à regarder une capsule vidéo de Sonia Lupien, neuropsychologue.[21]

J'aimerais souligner à nouveau, le côté financier qui n'est pas évident pour plusieurs d'entre nous. Dans la Pyramide de Maslow, l'aspect de la sécurité matérielle est très important. Le côté monétaire se

---

20   http://www.passeportsante.net/fr/AudioVideoBalado/Balado.aspx

21   http://medias.passeportsante.net/balado/capsule_sante-lupien-2010.mp3

Sonia Lupien, neuropsychologue et auteure du livre *Par amour du stress* (7:28 min.)

Sonia Lupien, Ph. D., *Par amour du stress* Les Édition au carré, 2010, 275 pages.

retrouve au deuxième palier, donc très prioritaire : besoins de sécurité du corps, de l'emploi, de la santé, de la propriété.

Sincèrement je reconnais qu'actuellement, les gens à faibles revenus ainsi que ceux de la classe moyenne doivent user de créativité et d'équilibre.

Dans ma pratique, je me rends compte, de l'impact dévastateur de l'insécurité financière sur les individus et leur famille. À titre d'exemple, lorsqu'une personne est en invalidité et qu'elle perçoit une pression indue du prestataire, telle « une épée de Damoclès » au-dessus de sa tête, les symptômes de cette dernière ressurgissent malheureusement souvent. C'est la raison pour laquelle nous devons prévenir cet impact et évaluer la situation financière dans les premières rencontres. Comment va votre budget ? Il est souvent recommandable de diriger les gens vers des ressources pour les soutenir en ce sens. Je conseille particulièrement les ACEF[22.] Elles aident les gens à faire leur budget et offrent aussi des outils.

Il y a aussi des outils de gestion financière sur le site du gouvernement du Canada.[23]

Les objectifs généraux des ACEF sont : promouvoir la justice sociale, promouvoir la responsabilisation individuelle et sociale, trouver un équilibre entre les droits collectifs et les droits individuels.

---

22   ACEF signifie : Association coopérative d'économie familiale, organisme sans but lucratif qui intervient dans les domaines du budget, de l'endettement et de la consommation.

23   http://www.ic.gc.ca/eic/site/oca-bc.nsf/fra/ca02154.html

D'ailleurs, lorsque j'ai consulté le site de l'ACEF de ma région, des activités et conférences y étaient proposées.

Ce que j'observe dans ma pratique et dans mon entourage, c'est qu'il ne faut pas non plus faire « l'autruche » et nier la réalité sur notre besoin de combler notre insécurité financière. Si vous êtes en invalidité, vous avez droit à vos prestations, si vous collaborez tel que demandé selon votre contrat. Si vous vous sentez lésé, faites-vous accompagner pour comprendre, voir clair, et sans préjudice; vous avez le droit de vous défendre, c'est même une façon saine d'accélérer et de poursuivre votre rétablissement. Vous exercerez votre *empowerment*, soit votre capacité de vous prendre en charge par vous-même ainsi que votre destinée économique.

L'aspect relationnel

Nous nous mettons souvent beaucoup de pression monétaire et l'être humain est d'abord un être social qui a besoin d'entrer en relation avec les autres. Une façon intéressante de prendre soin de soi est aussi de bien s'entourer. Cependant, souvent lorsque nous recevons nos amis, nous mettons beaucoup d'importance pour que tout soit beau, bon, mais souvent trop cher pour notre budget. Les gens ne viennent pas voir le nouveau mobilier, ils viennent pour notre présence, notre accueil chaleureux, notre sourire contagieux ; ils viennent partager un bon repas et ils reviennent parce qu'ils se sentent bien « chez nous ». Je vous suggère de confier l'achat de certains produits à acheter ou plats à cuisiner par vos amis; ainsi, cela réduira les coûts et le temps de préparation. Je pense que c'est important de garder l'habitude de soigner nos liens avec notre entourage quand tout va bien. Ils seront là dans les moments plus difficiles, pour nous réconforter et vice versa.

Pour terminer, je vais vous raconter une belle histoire d'amitié qui dure depuis plusieurs décennies maintenant. Vous vous rappelez, je vous ai dit qu'étant toute jeune, je n'avais pas le goût d'aller à l'école et de quitter la douceur du foyer familial. J'ai fini par tirer mon épingle du jeu, en me faisant des amies.

Si on se reporte à cette époque, je suis une petite fille qui aime le monde et, comme le dit ma mère, je vais me chercher des amies, au bout du monde. Et je ne parle pas des « petits chinois » que l'on achetait et coloriait pour 25 cents, je parle des enfants de la cinquième maison, près de chez nous. Il y a eu aussi les petites voisines qui venaient d'emménager en face de notre maison.

Un matin d'octobre, je suis dans la cour d'école, j'ai commencé ma troisième année au mois de septembre, il est 8 h 30 et la cloche sonne. Nous nous mettons en rang par ordre de grandeur. Je me retrouve dans les derniers rangs avec une petite nouvelle. Elle porte un manteau vert mousse, elle a les cheveux bruns avec deux nattes qui brillent au soleil. Elle me semble très sérieuse avec ses grands yeux doux, son petit nez tout rond et sa bouche en cœur. Je remarque qu'elle tient à sa main un grand sac d'école en cuir *tan* comme en possèdent les grands.

La cloche sonne, nous entrons dans l'école, accompagnés de mademoiselle Auger, notre maîtresse d'école. Elle est très douce, souriante et gentille. Elle a les cheveux reflétant le roux, avec des taches de rousseur sur son joli minois. La matinée passée, le carillon de l'école nous annonce qu'il est déjà 11 h 30 et que nous pouvons aller dîner chez nous. Sur le chemin du retour, je remarque que la petite nouvelle au manteau vert mousse s'achemine dans la même direction que moi. Elle s'appelle Denise, elle a été présentée à la classe. Je me hâte de la rattraper, car elle marche plus vite que moi. J'arrive à ses côtés, l'aborde en lui disant mon nom, à ma grande surprise, elle se rend à la maison en face de chez nous !

C'étaient ses parents qui venaient tout juste d'emménager. Elle sera « mon amie pour toujours ». Nous sommes en 2012, je l'ai vue hier soir à un souper entre amis. Elle a toujours le même gentil sourire et nous ne nous sommes, grâce à elle, jamais perdues de vue. L'amitié est précieuse, c'est l'une des situations de vie et de confiance où l'on peut tout dire ou presque et rester authentique, sans avoir peur d'être rejeté.

Lorsque j'ai vécu mes années d'invalidité, Denise a toujours été disponible, encourageante, rassurante et sans jugement; je lui en serai toujours reconnaissante. Notre amitié a encore grandi après cette expérience.

Pistes de réflexion

Avec du recul, pour conclure sur les bonnes habitudes de vie, je pense que peu importe l'approche que vous choisirez pour enclencher votre démarche, le plus important est de commencer à planifier vos premiers pas même s'ils demandent un effort important. Le fait de passer à l'action sans se fermer à ce qui semble difficile ou impossible constitue une victoire sur vos peurs ou votre gêne, parfois paralysantes plus que vous ne le croyez.

Essayez simplement pendant une période donnée. Vous verrez ensuite si la technique vous convient. Il sera toujours temps d'en explorer une autre.

Pour sortir de l'hésitation

Oui, je l'avoue, c'est bien d'être décidé, mais la plupart du temps quand on tarde pour entreprendre un changement, c'est que nous sommes ambivalents. Si vous prenez le temps d'écrire les avantages et inconvénients à changer et que vous constatez que vous êtes encore dans l'ambivalence, c'est que la balance des pour et des contre est égale.

La solution n'est pas compliquée, c'est de commencer à agir pour voir si c'est un bon choix et ensuite, s'il y a des indications claires, vous pourrez laisser tomber. Le seul fait de choisir de passer à l'action nous donne une sorte d'énergie que l'on ne soupçonne pas, même dans les choses les plus simples. Ce sera un premier pas de fait, l'autre pas suivra plus facilement. L'effort du début se changera en satisfaction et peut-être aussi en fierté.

Chapitre 6

Guérie en deux fois 10 minutes !

L'adaptation à ma condition de santé m'amène à une veille de tous les instants, car mes vertiges m'ont appris à me questionner sur tout ce qui peut provoquer le déclenchement du symptôme. Ainsi, en janvier 2006, je vais chercher le journal de quartier dans ma boîte à lettres. J'y jette un coup d'œil comme d'habitude. Un article intitulé « À propos de vertiges » attire mon attention. On y parle de VPPB soit vertige paroxystique positionnel bénin.

Ma curiosité se réveille. On dit que la cause la plus fréquente de vertiges résulterait d'un simple décollement de petits cristaux situés dans l'oreille interne. Le terme médical qui désigne cette pathologie est le **vertige paroxystique positionnel bénin ou VPPB..** On mentionne que les gens souffrant de VPPB éprouvent des vertiges de courte durée (environ 20 secondes) en se couchant ou en se retournant dans le lit, et en tournant ou en penchant la tête par en arrière. Je me reconnais immédiatement, j'ai la nette impression que l'on parle de mon problème enfin ! De plus on dit que de nos jours, le VPPB est traité de façon sécuritaire et efficace et que le taux de succès est intéressant. Le traitement consisterait en des manœuvres de repositionnement, lesquelles visent à ramener les petits cristaux déplacés dans le compartiment de l'oreille interne où ils vont rester. On rapporte qu'un physiothérapeute qui possède la formation en rééducation vestibulaire sera en mesure de soigner le VPPB. [24]

Bien évidemment, le sujet m'interpelle !

À cette époque, je ne suis plus considérée comme invalide; je travaille comme infirmière. Je suis travailleur autonome en télétravail. J'effectue du counselling au téléphone de chez moi, en prévention pour une meilleure santé globale au niveau des gestionnaires et employés de grandes entreprises.

Je souffre toujours de vertiges inopinés. Ayant consulté tellement de professionnels en approche traditionnelle et alternative, je suis sceptique devant cet article.

Je découpe l'extrait du journal et le place bien en vue sur la porte de mon réfrigérateur. Déçue et désabusée devant autant de consultations et

---

24   http://cliniquevertigo.com/vertige_paroxystique.html

traitements qui n'ont pas résolu mon problème de vertiges, je demeure froide devant cette nouvelle avenue. Et les jours passent...

Trois mois plus tard, l'idée de donner suite à l'article du journal a fait son chemin.

Nous sommes au printemps 2006. Je me sens en prison dans mon appartement. La neige et la glace ont fondu sur les trottoirs, le soleil brille et j'aurais le goût d'aller marcher librement comme avant... avant, quand je me sentais fonctionnelle à 100 %, sans anticipation d'éprouver et subir ces vertiges paralysants. Moi qui ai toujours aimé la marche, que ce soit pour me déplacer ou pour une randonnée, cette forme d'activité physique me manque terriblement.

Je décide donc de relire l'article de journal puis je le replace sur mon frigo.

Je commence à penser à mon petit coin de jardin communautaire, pour lequel j'ai gagné un prix l'an dernier. Moi qui aime tant jardiner, j'apprécie de me sentir en contact avec l'énergie noble de la terre.

Cette activité me permet de me réaliser tout en me faisant du bien. Elle m'amène à accomplir les étapes de l'expérience optimale et à vivre mon moment présent. J'éprouve un bonheur à tous les jours rien qu'à voir germer et croître cette végétation abondante que je pourrai récolter au milieu de l'été.

Je m'occupe de mon petit coin de terre pendant presque six mois, de la fin avril à la mi-octobre et j'en tire un grand plaisir.

Je vous recommande fortement cette activité, si vous êtes actuellement en invalidité. Cette période vous aidera à passer à l'action physiquement, à bien vous alimenter, à penser à vous, à recommencer à côtoyer des gens et saura rallumer votre créativité.

Dans mon cas, cette activité s'avère être toute une aventure, à cause des vertiges qui me déstabilisent.

À ce moment, c'est encore confus dans ma tête. Je me répète ce que l'on m'affirme depuis des années : « que la cause de mes vertiges est occasionnée par l'anxiété, que c'est psychologique ».

Ce diagnostic continue de me déranger. Quand je suis au jardin, c'est toujours le même phénomène : j'anticipe d'avoir des vertiges. J'hésite même à aller chercher des instruments dans la cabane au fond du jardin par peur d'être étourdie et de tomber. Bien évidemment que l'anxiété et l'anticipation me perturbent davantage si j'ai l'impression que quelqu'un m'observe. Je crois que quelqu'un pourrait s'apercevoir que je ne vais pas bien.

Le plus difficile dans cette situation concerne mon ego. J'ai honte et mon estime de moi s'affaisse. Il se produit beaucoup de turbulences dans mes perceptions. Un véritable yoyo !

Pourtant, je tiens à mon petit coin de terre, faute du grand jardin que nous réalisions en famille à la campagne. N'étant plus capable de me rendre seule en voiture au chalet, j'ai fait progressivement un autre deuil.

Bref, le fait de m'être activée dans mon jardin m'a amenée, un bon matin de mars 2006, à passer en mode expérimentation, en décidant d'effectuer un appel à cette clinique qui traite les vertiges. J'obtiens un rendez-vous rapidement avec monsieur Herman Sainz de la clinique Vertigo.

Je n'ose pas me faire d'illusions, mais je veux aller à la source. Je me retrouve quelques jours plus tard dans son bureau. Je suis allée à mon rendez-vous avant d'aller travailler quelques heures dans le bureau de dentiste de ma sœur. Je me rappelle de la scène comme si c'était hier.

Mon ami m'accompagne, ce dernier m'ayant d'ailleurs accompagnée dans toutes mes démarches, parce qu'il croit en moi. Il veut aussi trouver une solution à mes problèmes de vertiges. Je lui en suis extrêmement reconnaissante !

Mon compagnon, œuvrant dans le domaine de la santé naturelle, avait beaucoup de contacts avec différents thérapeutes. Cette ouverture m'a permis d'améliorer plusieurs facettes de ma santé sans pour autant régler mon problème principal.

En 2004, j'avais d'ailleurs rencontré un ostéo-pathe français de passage à Montréal, praticien de la méthode Moneyron, qui m'avait proposé un traitement.

« La méthode Moneyron, qu'est-ce que c'est ?

*La **méthode Moneyron** est l'une des plus récen-tes thérapies manuelles dites « douces ». Elle se définit comme un traitement de réharmonisation de la **structure du corps** qui prend en compte l'en-semble de l'organisme et cherche à lui redonner un équilibre global. Ce qui la caractérise notamment est que le patient demeure presque toujours en position **debout** (parfois assise). On entend ainsi soigner « l'homme qui souffre à se tenir debout », au sens propre et au sens figuré. Traiter le pa-tient dans sa posture normale — qu'on appelle son « champ gravitaire » — faciliterait l'intégration du message thérapeutique.*

La méthode est utilisée et enseignée en Europe (surtout en France et en Espagne). Elle repose sur la stimulation de différents « points cibles » situés dans les tissus conjonctifs. Bien qu'elle s'apparente en ce sens à la technique Bowen, à la réflexologie et à l'acupuncture, la méthode s'appuie sur une cartographie originale élaborée par celui qui lui a donné son nom, Jean Moneyron. »[25]

---

25   www.passeportsante.net/fr/Therapies/Guide/Fiche. aspx ?doc=methode_moneyron_th

À ma grande surprise, après quelques manipulations, je ne ressentais plus aucune appréhension de vertiges. Je me sentais « NORMALE ».

Je me vois le lendemain du traitement dans mon jardin aller chercher mes instruments dans la cabane et me sentir bien, très bien, comme avant l'invalidité. Vous ne pouvez pas vous imaginer comment cette sensation de normalité m'avait rendue heureuse pour quelques jours. Malheureusement, les vertiges ont repris après une semaine environ. J'ai par la suite envisagé d'aller me faire traiter chez lui à Paris, mais le projet ne s'est pas concrétisé. Au Québec, je n'ai trouvé personne qui connaissait et pratiquait la méthode Moneyron.

Enfin, revenons à mon rendez-vous avec le physiothérapeute. Il me pose quelques questions et ouvre mon dossier. Puis, il procède à l'évaluation des vertiges que je lui ai décrits.

Ce fut un des moments les plus difficiles. Ce dernier doit provoquer le vertige chez son patient pour faire son évaluation. Assise sur la table de traitement, le thérapeute me demande de me coucher rapidement en conservant les yeux ouverts, regardant le bout de son nez. Le diagnostic fut immédiatement prononcé.

Vous souffrez de VPPB vertige paroxystique positionnel bénin !

Ce n'est pas dans ma tête, n'est-ce pas ? Je souffre de réels vertiges !

Guérie en deux fois 10 minutes !

Il m'informe que mon vertige s'évalue à 80 % du côté de l'oreille gauche et à 20 % sur le côté droit. Je n'en crois pas mes... oreilles ! Ces vertiges bousculent ma vie depuis dix ans !

Je pose alors la grande question.

Pouvez-vous m'aider ? Même si dans l'article c'était écrit que le traitement était très efficace ...

Monsieur Sainz m'explique qu'il va me traiter immédiatement. Je demeure encore sceptique.

On reprend un peu le même scénario. Je suis assise sur la table de traitement et je dois suivre les indications du soignant. Le thérapeute est debout à ma tête. Je dois me coucher rapidement et abandonner ma tête aux mains du physiothérapeute. Ce dernier fera une manipulation douce et sans douleur avec ma tête. Un peu comme on aurait fait avec un petit jeu que l'on manipule doucement pour replacer la bille. Monsieur Sainz m'inspire confiance, mais comme déjà mentionné, le plus difficile est d'éprouver ces vertiges provoqués une fois de plus.

J'ai suivi la consigne en exécutant le mouvement à quelques reprises. En moins de dix minutes, monsieur Sainz me dit :

Nous avons traité l'oreille gauche.

Il me répète les consignes :

• Ne pas pencher la tête par en avant ou en arrière

- Dormir demi-assise

- Revenir vendredi pour traiter l'oreille droite.

Oups, sur le moment je me sens un peu déstabilisée, car je m'en allais travailler ensuite. La simple idée de mettre mes bottes sans me pencher me déroutait. J'étais surprise et sous le choc de cette révélation.

J'ai respecté les consignes à la perfection. J'ai dormi dans un fauteuil trois nuits et je pensais à mon rendez-vous du vendredi.

Je vous avoue avoir eu l'idée d'annuler ce rendez-vous, à cause de l'appréhension de devoir encore éprouver ces vertiges une fois de plus. Mais l'ESPOIR renaissant l'emportera sur ma peur.

En somme, je savais que je devais le faire et me donner la chance de peut-être voir enfin le bout du tunnel. Je suis retournée le vendredi matin tel que prévu. Monsieur Sainz a vérifié le traitement de l'oreille gauche. À ma grande surprise, tout était parfait. Il a traité l'oreille droite. J'ai ensuite répété le même protocole pendant trois jours.

J'ai revu le physiothérapeute le lundi suivant et tout était redevenu normal ! Les vertiges sont disparus en mars 2006 et ne sont jamais revenus. À ce moment, je n'en croyais ni mes yeux ni mes oreilles !

Guérie en deux fois 10 minutes !

J'étais guérie après 10 ans de souffrance. On m'avait dit que mes vertiges étaient psychologiques. J'ai perdu 10 ans de ma vie, dont cinq ans de ma vie professionnelle. J'ai dû me battre pour me refaire une place au soleil. Je vous confierais que l'idée de poursuivre les spécialistes de ce faux diagnostic, de façon légale, m'a interpellée. Je voulais une réparation des préjudices subis, sous forme de reconnaissance et de compensation.

J'ai alors consulté un avocat très réputé dans ce genre de cause. Ce dernier m'a affirmé, après une étude détaillée, que mon dossier était solide et défendable.

Toutefois, il faut avoir « les reins solides ». Je m'explique : cette démarche demande beaucoup d'argent, de courage, de temps et d'énergie pour se battre. Moi qui sortais d'une période épuisante de souffrance et de turbulences, j'ai évalué les pour et les contre de cette démarche. J'en suis arrivée à la conclusion qu'il était préférable pour moi de choisir la tranquillité d'esprit et de vivre mon moment présent. Je n'ai pas poursuivi. Je me suis choisie, en quelque sorte.

Je savais aussi que mon tableau clinique de symptômes comportait des composantes de troubles anxieux et que mes soignants n'avaient pas cherché volontairement à me faire du tort.

De plus la tomodensitométrie, l'électronystagmo-gramme et l'examen neurologique présentaient un tableau dans les limites de la normale.

Cependant, je n'avais jamais subi le test de pro-vocation du vertige par la méthode faite au moyen d'une manœuvre appelée Dix-Hallpike. La littéra-ture nous mentionne que c'est en 1952 que Dix et Hallpike définirent le vertige positionnel paroxys-tique du canal semi-circulaire postérieur et décri-virent la manœuvre diagnostique de provocation appelée manœuvre de Dix-Hallpike. Qui aurait dû me le proposer ? Il aurait fallu que les médecins m'écoutent, me croient et remettent en question le seul diagnostic de nature psychologique déjà établi pour aller enfin dans cette direction.

Mon histoire peut vous amener à réagir à votre tour. Je vous invite à vous impliquer, à assumer votre rôle de patient et à devenir partenaire dans la gestion de votre dossier de santé et de diagnostics. Car chaque décision prise et chaque examen prescrit en regard de votre santé vous concernent. C'est, à mon avis, votre devoir et aussi votre droit !

Pistes de réflexion

Si vous me le permettez, je vous suggère sincère-ment de vous responsabiliser en tant que patient.

Personne d'autre que vous ne peut choisir des lé-gumes au lieu des frites au restaurant et personne d'autre que vous ne peut décider de modérer ou d'arrêter sa consommation d'alcool. Personne d'autre que vous ne peut décider d'aller marcher trente minutes à l'heure du dîner au lieu de rester stationnaire devant l'ordinateur.

Après la disparition de mes vertiges, mon rétablissement n'était cependant pas encore terminé ! J'ai mis quelques années à éteindre mon comportement d'évitement, celui que j'avais développé au cours de ces dix années de souffrance.

J'ai poursuivi une thérapie cognitive-comportementale qui m'a amenée à m'exposer graduellement, soit petits pas à petits pas, à mes situations anxiogènes, jusqu'à ce que mon cerveau comprenne qu'il n'y avait plus de danger. Mon cerveau a gravé un nouveau message et mes perceptions erronées de danger, étant donné que je ne souffrais plus de vertiges, eh bien, ce système d'alarme s'est éteint graduellement.

Je ne vous dis pas que c'est facile, mais je tiens à vous dire que c'est réaliste et réalisable lorsqu'on l'effectue avec la technique des petits pas.

Je vous propose le livre intitulé « *Un petit pas peut changer votre vie* ».[26]

On parle entre autres dans ce livre de « dépasser sa peur sur la pointe des pieds ». On nous mentionne à titre d'exemple que si l'on se pose des questions du genre « Réussirai-je à perdre du poids ou à arrêter de fumer cette année ? »,

26   MAURER, Robert; Un petit pas peut changer votre vie, La voie du Kaizen, Éditions Anne Carrière, Paris, 2006, Le livre de poche 10021, pages 46-47.

on risque de se sentir immédiatement anxieux et ainsi déclencher dans notre cerveau une réponse inhibitrice, soit contraire à ce que l'on s'attend et bloquer l'accès au cortex cérébral et à la faculté d'émettre des pensées rationnelles et créatives.

À l'inverse, si nous nous contentons de poser de petites questions, la réaction « fuir ou combattre » ne se produira pas. La question *kaizen* du type : « Quel est le petit pas que je pourrais accomplir dans telle ou telle situation ? » permet d'éviter la peur et de considérer positivement les choses.

Pour moi, cette façon d'approcher le changement a été bénéfique. Et pour vous, en sera-t-il ainsi ? J'ose très sincèrement vous le souhaiter.

Chapitre 7

Démystifier « La Folie » par petits pas

Nous sommes en novembre 2012, nous avons tous reculé l'heure à nos montres. Vers 16 h 30, il fait déjà noir à l'extérieur. Les heures d'ensoleillement et de luminosité raccourcissent, comme à chaque année, de quelques minutes par jour jusqu'au 21 décembre. Je suis de celles que ce changement affecte.

Je suis à écrire l'avant-dernier chapitre de mon livre. Ma démarche progresse parfois à pas de tortue. Car je l'écris une page à la fois, avec la méthode des trois petits pas dont parle Dre Lysanne Goyer[27]. Voici ce qu'elle nous apprend :

---

27   « Lysanne R. Goyer détient un post-doctorat de l'École de médecine de Harvard. Elle a été directrice du centre de formation clinique du Mind/Body Medical Institute, chercheure associée en prévention cardiovasculaire à l'Institut de recherches cliniques de Montréal et travaille en bureau privé comme psychologue de la santé. Dre Goyer a animé de nombreuses présentations et ateliers aux États-Unis et au Canada sur les comportements à adopter pour une vie saine au plan professionnel et personnel. C'est une passionnée de course à pied qui a notamment couru le marathon de la grande muraille de Chine. »

Démystifier « La Folie » par petits pas

« Le dépassement de soi se construit à partir de nos échecs et de nos Trois petits pas au quotidien ».

Comment faire « Trois petits pas par jour »

*Le mot PETIT est important, surtout pour les débutants qui manquent de motivation (Ici, je parle surtout aux débutants, mais ceux qui sont très engagés à faire leurs **Trois petits pas** ajustent en fonction de leur réalité... On peut tous s'améliorer dans un ou plusieurs des petits pas).*

• Le but n'est pas d'engendrer une transformation complète, mais d'en faire un petit peu, comme on le peut chaque jour.

• Le but est de faire des pas qui sont suffisamment petits pour que l'on ait envie que ça devienne une façon de faire pour la vie.

• La réalité c'est qu'on aura inévitablement des périodes de relâche, de découragement. L'important c'est de l'accepter, de ne pas se culpabiliser, d'apprendre de ce vécu et de s'y remettre.

*•**On se fixe un petit pas en alimentation par jour** : plus de fruits et légumes ? Un seul dessert ? Des portions plus raisonnables ? De l'eau au lieu d'une boisson gazeuse ? Un seul verre de vin ? Créez une petite pression interne suffisante pour vous dépasser et persévérer.*

Dre Lysanne Goyer lien : gojicoaching.com _Chef, Service de psychologie au Centre hospitalier de l'Université de Montréal.

●*On se fixe un petit pas en activité physique par jour* : *Une marche de 15 minutes ? Marche 2 minutes-course 30 secondes pendant 15 minutes ? Danser dans votre salon 15 minutes avec la musique au max ? Monter et descendre les escaliers à répétition ? Marcher au bureau ? La liste est longue. Soyez créatifs et trouvez quelque chose qui vous fait PLAISIR ! Créez une petite pression interne suffisante pour vous dépasser et persévérer.*

●*On se fixe un petit pas en bien-être psychologique par jour* : *La liste est infinie mais commençons par ceci : chaque jour, une activité qui vous fait plaisir ! C'est la base de tout. Toute création part d'un plaisir ou d'un intérêt. Vous pouvez aussi passer plus de temps à être dans l'instant présent que dans votre tête à régler des problèmes qui ne sont pas encore là ou qui sont passés. Accepter qu'aujourd'hui, je ne me battrai pas contre le fait qu'il n'y a que 24 heures dans une journée. J'ajuste mes activités selon les imprévus et l'heure du jour. Entre vos différentes tâches du jour, prenez 5 bonnes respirations et dites merci à votre corps qui travaille pour vous. Exprimez 3 reconnaissances à la fin de la journée (au souper, ça crée une belle atmosphère). Créez une petite pression interne suffisante pour vous dépasser et persévérer.*

• *De cette base, tout devient possible... à petits pas en se fixant des objectifs réalistes.*

J'ai donc écrit ce livre graduellement, en me fixant des objectifs réalistes et réalisables et en me faisant « coacher ». J'ai poursuivi mes objectifs de santé par l'alimentation saine, la marche régulière et en veillant sur mon bien-être psychologique tous les jours. Je me suis retrouvée dans les propos de Lysanne Goyer qui dit :

« J'aide les gens à maximiser leur potentiel humain (leur santé globale) pas à pas. Joignez-vous à moi : chaque petit pas que l'on fait nous mène un peu plus loin et parfois là où on n'avait jamais pensé se retrouver. »

Quant à moi, je n'aurais jamais pensé me rendre à la fin de l'écriture de ce livre. J'ai fait de la procrastination à maintes reprises. Je l'avoue. Parce que l'un de mes petits pas m'a amenée à dire : fini la procrastination !

J'étais atteinte de ce comportement qui consiste à reporter l'action au lendemain, je procrastinais.

Selon Wikipédia :

La **procrastination** (du latin *pro* et *crastinus* qui signifie « de demain ») est une tendance à remettre systématiquement au lendemain des actions (qu'elles soient limitées à un domaine précis de la vie quotidienne ou non). Le « retardataire chronique », appelé **procrastinateur**, n'arrive pas à se « mettre au travail », surtout lorsque cela ne lui procure pas de satisfaction immédiate.

Je repoussais donc continuellement l'écriture de ce présent livre, depuis plusieurs années.

Pourtant, je voulais réussir la réalisation de mon livre, parce que j'étais sincèrement convaincue qu'il pourrait éclairer certaines personnes et en réconforter d'autres.

Ma motivation s'est entre autres rallumée suite à la lecture d'un passage du livre de Thierry Janssen « *Le défi positif* »[28]. Ce dernier donne une explication de la procrastination qui m'a bien informée. Il nous explique que, d'après son expérience de thérapeute, il a constaté que les personnes qui procrastinent pensent ne pas avoir les compétences nécessaires pour relever les défis qui leur sont imposés.

Ce qui m'apparaît aussi très intéressant, c'est cette mention retrouvée en page 282 :

« Parfois, le simple fait de morceler une tâche – de la découper en plusieurs actions étalées dans le temps – permet d'éviter de se sentir dépassé par les événements et encourage à commencer le travail plus promptement. »

On nous parle une fois de plus des petits pas.

---

28   Thierry Janssen est un chirurgien devenu psychothérapeute, il est l'auteur de six livres traduits dans plusieurs langues. *Le Défi positif* est le dernier opus d'une trilogie commencée avec *La Solution intérieure* et *La Maladie a-t-elle un sens ?*

Dans mon cas, je savais que j'avais un inconfort avec l'autorité, mais je ne faisais pas le lien avec la procrastination.

Enfant docile, j'ai fait ce que l'on a dit que je devais faire dans la vie. Et puis, lorsque j'ai décidé de me réaliser moi-même, étant quand même consciente de mes forces, j'arrivais toujours à me boycotter, à me court-circuiter.

Thierry Janssen écrit :

« *Souvent, ces personnes ont un rapport difficile avec l'autorité, sans doute parce que, dans l'enfance, elles n'ont pas pu faire entendre certains de leurs refus et, de ce fait, se sont senties humiliées, n'ayant d'autres choix que de résister à la contrainte pour exister. Devenues adultes, elles passent leur temps à résister à toutes sortes de contraintes et d'obligations, qu'elles s'imposent parfois elles-mêmes.* »

Jusqu'au jour où j'ai appris à discerner ce qui était dans mon intérêt de réaliser sans délai et ce qui ne l'était pas.

Comme le mentionne Thierry Janssen, le « je dois » devient un « je veux » et l'énergie bloquée dans la résistance se libère pour réaliser ce qui est bon pour soi. Actuellement l'écriture de ce livre est bonne pour moi et l'est aussi pour vous cher lecteur, je l'espère.

Chapitre 7

Une menace invisible : la Folie

« La Folie » est un concept effrayant. Je sais pour avoir écouté et échangé avec plusieurs personnes de différents milieux que beaucoup d'entre nous ont peur de son spectre qui peut faire tout basculer.

« La Folie » est un sujet souvent exploité dans les films, parce qu'elle fait image de frayeur et semble causer beaucoup d'appréhensions et d'émois.

Pour avoir travaillé en psychiatrie pendant de nombreuses années, je vous dirais que l'idée que l'on a des institutions psychiatriques et des personnes qui l'habitent n'est souvent pas tout à fait juste. Être fou ou devenir folle ce n'est pas comme au cinéma.

Je crois que les perceptions sont faussées parce que cela réfère à un monde qui nous est totalement inconnu.

En me rappelant ma vie d'infirmière en institution, des larmes perlent au coin de mes yeux. Vous savez ce que j'aimais dans mon travail ? C'était le contact avec mes patients et avec mes collègues. J'appréciais ces personnes.

Ce que j'ai trouvé de plus difficile, ce qui me rend triste encore aujourd'hui, c'est d'avoir abandonné cet emploi avec un diagnostic d'invalidité, quittant par la porte d'en arrière sans pouvoir dire « au revoir » à ces gens que « j'aimais ». Ma blessure est encore présente pour ces circonstances qui m'ont profondément marquée.

Mon sentiment d'appartenance à ce milieu de travail et de vie a été rompu abruptement, comme si un bombardement avait anéanti tous mes repères.

J'oserais vous dire que ce n'est pas parce que je travaillais dans un hôpital psychiatrique que la perception et la détresse psychologique des employés étaient à cette époque mieux comprises.

Pour être « passée par là », je suggère fortement à toute entreprise de créer des groupes de soutien et d'entraide pour accompagner le personnel vivant des difficultés au niveau de leur santé globale et mieux-être. Je considère qu'il est primordial de garder le contact avec les employés en maladie, de prendre de leurs nouvelles, de les inviter à des dîners, des rencontres, des fêtes. En soi, de les inviter puis, s'ils se présentent, de les accueillir, les écouter, croire en eux et de les reconnaître en tant que personnes à part entière; c'est une attitude humaniste qui devrait s'appliquer naturellement, car nous sommes tous cette personne à part entière, sans égard à nos différences.

La Fondation des maladies mentales, entre autres, offre d'ailleurs d'excellentes conférences et des programmes de prévention et de sensibilisation pour le public ainsi que pour les entreprises.

www.fondationdesmaladiesmentales.org

J'ai toujours considéré mes patients comme des êtres uniques, des humains d'abord et avant tout diagnostic, car c'est ce qu'ils sont. Ils m'ont enseigné beaucoup, un peu comme on apprend, dans une famille, ce qu'est la bonté, la générosité et une sorte de sagesse qui consiste à vivre le moment présent.

Pour vous aider à démystifier « La Folie », j'aimerais vous faire part d'une situation cocasse. Régulièrement, les visiteurs de l'extérieur qui venaient à l'hôpital ne savaient pas reconnaître qui étaient patients ou employés. De plus, ces personnes souffrantes auraient pu être des membres de ma famille, de la vôtre ou vous-même aussi.

En explorant les écrits pour vous aider à démystifier « La Folie », j'ai trouvé une excellente entrevue radiophonique, diffusée le 8 février 2012 sur les ondes de la radio de Radio-Canada. Il s'agit de l'émission « Libre échange » animée par Janique Le Blanc[29]. Elle s'entretient avec Dr Louis Thériault, psychiatre pratiquant à Moncton. J'ai alors pensé vous rapporter le contenu, qui se veut à la fois clair et simple, mais principalement éclairant sur la raison qui alimente notre peur de « La Folie ».

---

29   Démystifier la santé mentale, captation et diffusion le 8 février 2012, Verbatim, Émission Libre échange, radio de Radio-Canada, animatrice Janique LeBlanc.

Démystifier « La Folie » par petits pas

La maladie mentale touche annuellement des milliers de Canadiens. Ces troubles restent néanmoins méconnus. Le psychiatre Louis Thériault démystifie la maladie mentale et dissipe certains préjugés liés aux problèmes de santé mentale.

Un Canadien sur cinq souffrira dans sa vie d'un problème de santé mentale que l'on parle d'anxiété, de dépression, de troubles bipolaires; ce sont des troubles assez répandus, mais méconnus. Le docteur Louis Thériault nous dit que les problèmes de santé mentale « souffrent » d'un fantasme imaginaire collectif, en imaginant toutes sortes d'atrocités. Mais en regardant autour de nous, nous constatons que nous connaissons tous une personne souffrant de problèmes de santé mentale. Docteur Thériault dit qu'il est important d'éduquer la population et d'offrir des services de qualité aux gens qui en souffrent.

On parle alors d'un dysfonctionnement chez une personne qui fonctionne habituellement bien. La personne peut présenter une souffrance manifestée par de la tristesse, des variations de l'humeur, de l'anxiété sous-tendue par de l'hypervigilance, ce qui amène un dysfonctionnement qui peut être social, professionnel, familial et un diagnostic est alors prononcé. Docteur Thériault mentionne que les progrès dans les traitements sont impressionnants. En 1950, une personne était hospitalisée pour un traitement pendant une période de sept ans. C'était la moyenne. En 1970, le traitement moyen dure un an et demi et actuellement, en 2012, un peu moins de deux semaines.

Beaucoup de gens associent la maladie mentale à la criminalité et à la violence. Mais pourquoi ?

C'est une généralisation malheureusement souvent amplifiée par la nouvelle et les médias. Dans la réalité, il n'y a pas plus de violence chez les patients schizophrènes ou bipolaires bien soutenus par une médication adéquate. Cependant, ce qui est indéniable, c'est la violence et la criminalité reliée aux adeptes de consommation de drogues stimulantes telles la cocaïne ou l'acide entres autres. Il est connu que 70 % des prisonniers abuseraient de drogues. Il est reconnu qu'un des facteurs qui assure le rétablissement des détenus est l'arrêt de la consommation de drogues. La maladie mentale ajoutée à l'abus de substances occasionne évidemment la violence et la criminalité. Ce qui est le plus à craindre, dans les faits, provenant d'une personne affectée par la schizophrénie ou la maladie bipolaire, est plutôt le geste suicidaire.

Comme avenue intéressante pour les personnes souffrant de maladies mentales, il est approprié de créer des maisons d'accueil, de petits groupes dans les milieux résidentiels et d'éduquer la population. Malheureusement, on sait que certaines régions de la province protestent contre l'établissement de telles maisons d'accueil dans leur environnement. Ils en ont peur.

Docteur Thériault nous mentionne qu'il existe plusieurs de ces maisons d'hébergement chez lui à Moncton et que cela fonctionne très bien sans que l'on s'aperçoive qu'il s'agit de ce « genre » de résidence.

On se demande alors, quel est l'effet des préjugés ?

Docteur Thériault a pour réponse que c'est malheureusement extrêmement néfaste. Nous constatons, dit-il, que c'est réellement le manque d'éducation qui occasionne cette situation. Plus on va éduquer, plus on arrivera à déstigmatiser. Il y a un certain progrès qui fait jour, mais il y a encore beaucoup de chemin à faire. Malgré cela, l'une des causes premières de l'invalidité, d'absentéisme et de présentéisme au travail est relié à des problèmes de santé mentale et on est encore gêné d'en parler pourtant, c'est extrêmement fréquent.

Pourquoi est-on si gêné d'en parler ?

Docteur Thériault nous mentionne qu'il a l'impression qu'il y a le manque d'éducation et probablement une certaine inquiétude par rapport à nous-mêmes. Nous sommes amenés à gérer des situations de plus en plus tendues dans nos vies et dans nos sociétés.

Ce qui entraîne une augmentation de la prévalence des troubles de l'humeur, de la dépression plus particulièrement. Il y a vingt ans, on parlait que la dépression survenait en moyenne vers l'âge de 40-41 ans.

On parle aujourd'hui de la moyenne du début des maladies de santé mentale vers 31-32 ans. Cela inquiète les gens; on voit des enfants qui font des tentatives de suicide, et on n'y comprend plus rien.

Ce qui amène de la fabulation et de la confabulation et le tout prend des proportions monstrueuses et déformées par rapport à la réalité.

Janique Leblanc demande alors : Lorsque quelqu'un est atteint d'un cancer, on pense que c'est la fatalité. Est-ce que les gens pensent que la maladie mentale, comme c'est dans la tête, que l'on devrait avoir un contrôle là-dessus ?

Docteur Thériault répond qu'il y a toujours ce vieil adage qui persiste. Les gens viennent le voir en disant : « Je ne suis pas assez fort, je suis faible d'esprit, qu'est-ce que les gens vont penser de moi ? Ils vont croire que je suis en train de devenir... » Et ainsi de suite.

Une des premières choses que l'on peut faire, c'est de démystifier la maladie mentale en expliquant que nous avons maintenant de très fortes bases en physiopathologie, pour expliquer que l'on est atteint d'une maladie mentale. Pas la folie, mais un trouble anxieux, un trouble de l'humeur ou une maladie psychotique, car chaque diagnostic à un nom et une réalité. On a des preuves indéniables maintenant. Toute la faiblesse neurologique est accentuée entre autres par la déprivation, qui apparaît notamment si on a eu un manque de support à l'enfance ou une autre blessure. Mais cette maladie-là va probablement surgir un jour ou l'autre, de toute façon, physique ou mentale.

Quand on montre aux gens des photos de cerveau fonctionnel et dysfonctionnel, les gens comprennent que ce n'est pas dans leur imagination, que ça se passe réellement. Et on sait que la maladie mentale qui n'est pas traitée devient toxique pour le cerveau, car il y a des cellules nerveuses qui meurent par effet de la maladie mentale et qui occasionnent des problèmes de concentration, de mémoire et de performances cognitives. D'où l'importance de traiter précocement. Quand on éduque les gens, ils désirent souvent par la suite en informer d'autres. Mes patients me disent : « Tu sais, docteur, moi j'ai passé à travers ça; maintenant, je ne veux plus me suicider, puis je vais parler aux gens, si vous le voulez. Je vais leur expliquer comment on s'en sort, témoigner que je ne suis pas fou et que j'ai pu guérir, etc.

Docteur Thériault pense que l'on va en arriver à cette forme de réaction très saine, tout en respectant la confidentialité. Il est bon de permettre des *manifestations et des partages afin que les gens s'expriment. Parce que… qui d'entre nous n'a pas dans sa famille quelqu'un qui en a souffert ?*

Merci Docteur Thériault

Pistes de réflexion

Avec du recul, comme nous sommes au mois de novembre pendant que je vous écris, attablé à mon bureau, je regarde ponctuellement le faisceau lumineux de ma lampe de luminothérapie. J'ai acheté cette lampe il y a plus d'une quinzaine d'années. Sincèrement, je m'en sers régulièrement, mais plus particulièrement à l'automne quand la clarté diminue et que les nuits s'allongent malgré nous. J'avais remarqué ma très bonne humeur lorsqu'il fait soleil, spécialement l'été, mais l'hiver aussi. Je n'ai jamais personnellement aimé beaucoup les jours gris et pluvieux, comme la plupart des gens en réalité. Cependant, ma grande sœur, son mari et ses deux filles ont toujours apprécié marcher sous la pluie, franchement je ne comprenais pas vraiment. Maintenant, j'ai saisi qu'il avait compris l'art de vivre au moment présent, tout simplement. Ils sont tous des artistes. Il y a beaucoup d'informations maintenant sur l'énergie de la lumière et comment régler son horloge biologique. Je vous invite à vous informer; c'est vraiment efficace d'en savoir plus, entre autres, dans les cas de dépression ou de dépression saisonnière, mais aussi simplement pour stimuler votre bonne humeur.

Chapitre 8

Les bonnes pratiques

Nous sommes au milieu de janvier 2013. Une nouvelle diffusée sur les médias me touche particulièrement. On parle d'une femme ayant des idées suicidaires, travailleuse sociale de profession, disparue durant une hospitalisation en psychiatrie dans un établissement reconnue. Cet événement éveille en moi des souvenirs pénibles datant de situations semblables vécues en entreprise il y a plusieurs années.

Vous savez, j'ai répondu, au cours de ma carrière en institution, à de nombreuses scènes semblables, toutes plus ou moins dramatiques. Je souligne ces événements dans le contexte des bonnes pratiques, afin de vous sensibiliser à la tâche parfois colossale et très difficile du personnel travaillant en soins psychiatriques.

Je m'explique : à l'époque où je travaillais à l'hôpital en santé mentale, je considérais que le ratio de deux soignants pour douze personnes souffrant de problème de santé mentale était beaucoup trop faible. Vous savez, un soignant se retrouvait souvent seul avec douze patients, soit aux pauses, aux heures de repas, pendant les rendez-vous de certains bénéficiaires entre autres. Oui il y avait parfois du personnel ajouté en service privé au besoin s'il y avait la désorganisation d'un client, mais ce n'était pas la réalité courante.

Durant une période où il y avait une soignante pour douze patients, j'ai eu à porter secours à un patient tombé du quatrième étage. Je me rappelle très bien ce drame; « on n'oublie jamais ». Ce qui s'est produit c'est que la veille, il y avait eu une vitre brisée dans l'unité de vie. Un technicien l'avait remplacée, mais avait oublié de fixer à nouveau les blocs qui empêchaient l'ouverture toute grande de la fenêtre et avait omis de fixer le grillage. Le lendemain matin, le patient est monté sur le rebord de la fenêtre qu'il avait ouverte complètement et, en s'appuyant vers l'avant, le grillage a cédé, n'ayant pas été solidement fixé. Il est mort sur le coup. Quel drame !

Je comprends la peine et la révolte des proches. Je reconnais le choc vécu par la soignante qui était en fonction à ce moment-là.

C'est clair que cette tragédie n'aurait jamais dû se produire, mais l'erreur humaine a fait son dommage irréparable. Je ne peux m'empêcher de repenser à cet événement dramatique et me dire « s'il y avait eu deux soignants, le drame aurait peut-être pu être évité ».

Je vous relate ces situations troublantes et pénibles pour vous amener sur les bonnes pratiques en santé mentale.

Lorsqu'un drame arrive, le patient, les proches du patient, la population et le personnel soignant sont tous traumatisés et conjuguent avec des chocs post-traumatiques à différents degrés.

De plus, lorsque l'événement est rapporté dans les médias, il y a une sorte d'amplification et, malheureusement, les faits sont parfois déformés.

Je suis tout à fait d'accord avec la médiatisation des informations en s'en tenant aux faits et si le but de l'intervention est de reconnaître la souffrance vécue et, principalement, d'installer la discussion productive pour ne plus que cela se reproduise; donc, de trouver des pistes de solutions réalistes et réalisables.

Comme dans tous les domaines, lorsqu'un employé d'une entreprise ou institution est concerné pour un délit commis, ce sont tous les employés qui écopent de la perception découlant d'un fait unique. Je m'explique : il y a une vingtaine d'années, un employé au sein d'un établissement où je travaillais avait été trouvé coupable d'agression sexuelle sur une patiente et cette dernière s'était en plus retrouvé enceinte; un autre drame inacceptable. Quelques semaines plus tard, en allant déposer mon chèque de paie, la préposée au guichet me jeta un regard glacial doublé d'un comportement expéditif. Elle me jugeait... Pourquoi ?

Ce n'était pas ma perception des faits qui était erronée, car d'autres membres du personnel avaient fait la même réflexion. Nous étions tous regardés comme des violeurs parce qu'un employé avait posé des gestes condamnables. Je parle ici des effets pervers de la nouvelle trop alarmiste ou sans nuance.

Je considère que nous devons être très vigilants avant de poser des jugements de valeur. Il est très difficile de se refaire une image positive lorsqu'elle a été bafouée, mal interprétée, parfois à tort.

Étant à la veille de rédiger mon chapitre sur « Les bonnes pratiques » en santé mentale, ces événements me font comprendre un peu la raison pour laquelle je repousse la rédaction de ce chapitre. Il y aurait tant à dire sur le sujet. J'ai donc décidé de l'aborder en toute simplicité en me plaçant dans la peau de la personne malade, dans celle de ses proches aidants et dans celle des soignants.

Lorsque des drames surviennent en milieu hospitalier ou en entreprise reconnue, la nouvelle se répand rapidement laissant planer des doutes sur la qualité des soins prodigués.

J'aimerais vous rassurer que les milieux sont très bien surveillés et encadrés, mais, malheureusement, l'erreur humaine existe. Dans la majorité des accidents, des employés consciencieux faisaient de leur mieux pour effectuer un bon travail dans un système imparfait.

On pourrait trouver des excuses, mais, j'en conviens, il ne devrait pas y avoir d'erreurs. Il y a place continuellement à questionner nos pratiques et, malheureusement, cela se fait plus rapidement lorsqu'il y a un « drame ».

Mettre tout en œuvre

Dans les bonnes pratiques, il est reconnu que le contexte de pratique en interdisciplinarité est à favoriser. Le projet de loi 21 modifie le Code des professions et d'autres dispositions législatives dans le domaine de la santé mentale et des relations humaines. La loi 21 précise, entre autres, et identifie les compétences professionnelles partagées en santé mentale et en relations humaines, visant à favoriser la protection du public.

Un guide explicatif du projet de loi 21 a été publié en septembre 2012.

Cette loi modifie le Code des professions afin de prévoir une redéfinition des champs d'exercice professionnel dans le domaine de la santé mentale et des relations humaines pour les professions de psychologue, de travailleur social, de thérapeute conjugal et familial, de conseiller d'orientation et de psychoéducateur. Elle établit également pour les membres de ces ordres, de même que pour les infirmières, les ergothérapeutes, les orthophonistes et les audiologistes, une réserve d'activités à risque de préjudice dans le domaine de la santé mentale et des relations humaines.

Le partage des compétences :

Le PL n° 21 éclaire sur la particularité de chacune des professions, favorise une utilisation optimale des compétences dans une perspective interdisciplinaire et multidisciplinaire afin d'atteindre une plus grande efficience dans l'utilisation des ressources humaines et d'offrir des services de qualité à la population.

En ce qui me concerne, je vous parlerai des bonnes pratiques infirmières.

Le champ d'exercice de l'infirmière

Évaluer l'état de santé, déterminer et assurer la réalisation du plan de soins et de traitements infirmiers, prodiguer les soins et les traitements infirmiers et médicaux dans le but de maintenir et rétablir la santé de l'être humain en interaction avec son environnement, prévenir la maladie ainsi que fournir les soins palliatifs.

La marque distinctive de la profession

La profession d'infirmière vise le maintien, le rétablissement ou l'amélioration de la santé, du bien-être et de la qualité de vie d'une personne, d'une famille, d'un groupe et d'une collectivité. Pour ce faire, elle tient compte de la personne dans sa globalité ainsi que de ses interactions avec l'environnement.

L'exercice infirmier se distingue par l'évaluation et la surveillance clinique de la condition de santé physique et mentale de la personne et par la prestation de soins et de traitements. L'évaluation implique que l'infirmière porte un jugement sur la situation clinique de la personne après avoir analysé les données dont elle dispose. Cette évaluation lui permet de détecter des complications, de déceler des problèmes de santé, de déterminer leur degré de gravité ou d'urgence, et d'établir des priorités et des conditions d'intervention. Elle permet aussi d'entreprendre des mesures diagnostiques et thérapeutiques selon une ordonnance, de déterminer et d'ajuster le plan thérapeutique infirmier, d'intervenir ou de diriger la personne vers un autre professionnel de la santé et des services sociaux ou vers une ressource appropriée.

L'essentiel de la pratique

L'évaluation de la condition physique et mentale d'une personne, la surveillance clinique et le suivi infirmier des personnes présentant des problèmes de santé complexes constituent l'essentiel de la pratique infirmière quel que soit le lieu d'exercice. Le suivi infirmier comprend, entre autres, la détermination et l'ajustement du plan thérapeutique infirmier, la dispensation des soins et des traitements infirmiers et médicaux requis par la condition de santé de la personne incluant le fait de mettre en œuvre des mesures diagnostiques et thérapeutiques ainsi que l'ajustement de médicaments selon une ordonnance, de même que l'évaluation et le renforcement de la capacité de la personne à prendre en charge sa situation de santé.

Une finalité particulière

La pratique infirmière[30] a pour but de maintenir et de rétablir la santé d'une personne, de favoriser son autonomie au regard de son état de santé et de son bien-être, selon ses capacités et les ressources comprises dans son environnement, et ce, quelles que soient l'étape de la vie ou la phase de la maladie. Cela signifie que l'infirmière intervient tout au long de la trajectoire de soins incluant la phase de réadaptation.

---

30   Cet ouvrage a été élaboré sous la coordination de l'Office des professions du Québec par un comité de rédaction où les ordres professionnels concernés par le PL n° 21 étaient représentés. Des consultations auprès de nombreuses organisations (ministères, associations et autres regroupements) ont grandement contribué à l'enrichissement.

Édition produite par :

L'Office des professions du Québec
800, place D'Youville, 10e étage
Québec (Québec) G1R 5Z3
Téléphone : 418 643-6912, sans frais : 1 800 643-6912
Télécopieur : 418 643-0973
Courriel : courrier@opq.gouv.qc.ca

Le lecteur peut également consulter ou télécharger ce guide sur le site Web de l'Office, à l'adresse suivante :

www. opq.gouv.qc.ca Dépôt légal – 2012
Bibliothèque et Archives nationales du Québec
Bibliothèque et Archives Canada
ISBN : 978-2-550-65828-3 (version imprimée)
ISBN : 978-2-550-65829-0 (version PDF
Dépôt légal – 2012
Bibliothèque et Archives nationales du Québec
Bibliothèque et Archives Canada
ISBN : 978-2-550-65828-3 (version imprimée)
ISBN : 978-2-550-65829-0 (version PDF)
© Gouvernement du Québec, 2012

De façon plus concrète, dans les bonnes pratiques infirmières en santé mentale, j'ajouterais ces points si importants:

- *Identifier le désir du patient de s'en sortir*

- *Croire au potentiel de la personne et le lui démontrer*

- *Prodiguer de l'enseignement concret sur la situation de santé et les signes et symptômes de la maladie*

- *Donner de l'espoir au client et à sa famille*

- *Approfondir une relation thérapeutique plus étroite visant à apaiser la souffrance*

- *Offrir du soutien*

- *Diriger vers les ressources appropriées*

- *Déterminer les mécanismes d'adaptation*[31]

Les critères les plus importants à retenir, selon mon expérience, pour aider le patient sont entre autres : la reconnaissance de ce que vit la personne, c'est-à-dire croire avec authenticité ce que la personne s'efforce de nous confier; la reconnaissance et l'encouragement du pouvoir d'agir soit de son *empowerment* et des forces qui l'habitent; accorder le respect inconditionnel auquel le patient est en droit de s'attendre; aider la personne à cheminer vers son autonomie et vers la responsabilisation de soi. Et un des critères des plus essentiels à mon avis est de susciter et rallumer l'ESPOIR.

Un des outils à mon avis très aidant, c'est celui de la « Reconnaissance ». Soit la reconnaissance de la douleur du patient, de la douleur des proches et de la douleur des soignants face à des situations perturbantes.

Je tiens à vous mentionner, comme je l'ai fait tout au long de mon récit, qu'il est impératif de vous impliquer dans votre guérison. On parle maintenant de patient partenaire; on dit que le rôle du patient doit changer. En somme, il doit faire équipe avec ses soignants. La personne peut s'impliquer dans son plan de soin au niveau individuel, mais

---

31   Comprendre le rôle de l'infirmière clinicienne dans le processus de rétablissement en santé mentale. Extrait du travail fait par : Amélie Ladouceur, inf. clinicienne, Stéphanie Dumoulin, inf. clinicienne, Joseph Di Lalla, inf. clinicien et Rémi Bélanger-Laberge, candidat à l'exercice de la profession infirmière, Jessica Hétu, Linda Marillanca Colloque Alice Girard 2012   www.oriiml.org/content/download.php ?id=234

les patients ont maintenant un soutien organisa-
tionnel où ils peuvent apporter leur point de vue
et ainsi aider le système de santé à s'améliorer;
il existe, entre autres, l'Association des patients
du Canada : http://soinsaxessurlesclients.careto-
know.org/node/68

Les groupes de soutien

Je tiens aussi à vous informer sur les bienfaits
des groupes d'entraide. Il y a plusieurs missions de
groupe de soutien, que ce soit le diabète, le cancer,
les maladies cardiovasculaires, le trouble anxieux,
les problèmes d'alcool, de dépendance aux drogues et bien d'autres. On parle dans le livre de
Dr Rapoport-Hubschman que l'on peut renforcer sa
motivation grâce à l'écoute du récit des problèmes
des autres précisément lorsqu'on entend comment
ils ont fait pour s'en sortir. « *Voir et entendre les
autres expliquer de quelle manière ils règlent leurs
problèmes fait paraître le changement possible :
« S'ils l'ont fait, je peux peut-être y arriver. »*[32]

Tendre la main et soutenir un proche

Il est impondérable de reconnaître la souffrance
et la perception d'impuissance pour les proches
aidants. Heureusement, il s'installe petit à petit des
groupes de soutien dans les CSSS. Les rencontres
ont pour objectif de sortir de l'isolement, d'apprendre à gérer le stress, la colère et la culpabilité que

---

32   Dre Nathalie Rapoport-Hubschman, *Appprivoiser l'esprit, Guérir le
corps*, Paris, Odile Jacob, 2012, page 101.

les proches peuvent ressentir en tant qu'aidants. Il est souvent indiqué, si vous le pouvez, de consulter un professionnel de la santé, médecin, psychologue, travailleur social, infirmière. Il est très important de soigner son réseau social et de prendre du temps agréable pour soi et ainsi cultiver et nourrir la « Reconnaissance » dont on a tous besoin.

D'ailleurs, le monde scientifique s'intéresse heureusement de plus en plus à la détresse des aidants. Je vous cite Sonia Lupien, chercheuse, directrice scientifique du centre de recherche Fernand-Séguin de l'hôpital Louis-Hippolyte-Lafontaine qui travaille depuis 22 ans sur les problèmes liés au stress : *« La souffrance et la stigmatisation empêchent les proches de demander de l'aide ». Madame Lupien effectue actuellement une étude sur le sujet. Selon la chercheuse, les proches aidants seraient soumis à un stress chronique important, aujourd'hui considéré comme « un modèle de stress humain chronique dans la littérature ».* [33]

Voici un lien qui pourrait aussi vous être utile :

L'organisme ALPABEM (organisme communautaire de soutien aux familles et amis de la personne atteinte de maladie mentale) **qui a pour mission de soutenir les membres de l'entourage d'une personne qui présente des manifestations cliniques reliées à un trouble majeur de santé**

---

mentale, offre une gamme de services visant à informer, aider et outiller en vue d'une meilleure qualité de vie.

http://www.alpabem.qc.ca

Je vous parlerai maintenant des soignants qui tombent malades à leur tour. Nous ne sommes malheureusement pas à l'abri. Il s'avère que nous devenons parfois des cordonniers mal chaussés.

Je lisais, dans ma dernière revue Perspective Infirmière de janvier 2013 , qu'il existe une ressource d'aide en santé mentale pour premiers répondants. Monsieur Jacques Denis Simard, directeur général de la maison La Vigile[34] dit : « *Policiers et infirmières n'ont pas le droit à l'erreur; ils font face à une clientèle difficile, souvent en situation de crise; ils sont régis par un code déontologique; ils côtoient la mort et doivent composer avec la réalité de longues heures de travail.* »

Que l'on parle de policiers, d'infirmières, de pompiers, d'ambulanciers, de préposés des centres d'appels d'urgence 9-1-1, d'agents des services correctionnels, de chirurgiens, de pilotes d'avion, de soldats et beaucoup d'autres, certaines professions sont plus à risque.

---

34   www.lavigile.qc.ca

Cet article m'a particulièrement interpellée, car j'ai été mariée à un policier il y a plusieurs années et, sincèrement, j'aurais grandement bénéficié de ce genre de ressource qui n'existait pas à cette époque[35].

Les instances gouvernementales étant très au courant de la montée en flèche du taux d'absentéisme et d'invalidité de nature psychologique ces dernières années, ces derniers viennent tout juste de déposer en janvier 2013 une norme en santé et sécurité psychologique[36].

« *La norme nationale du Canada intitulée : Santé et sécurité psychologiques en milieu de travail - Prévention, promotion et lignes directrices pour une mise en œuvre par étapes est une norme d'application volontaire visant à promouvoir la santé psychologique des employés et à prévenir le préjudice psychologique que divers facteurs liés au milieu de travail sont susceptibles de causer.* »

Je souhaite sincèrement que cette norme très bien structurée puisse être mise en application dans nos entreprises le plus rapidement possible.

En ce qui me concerne, mon désir pour participer à l'application de cette norme dans nos entreprises sera d'offrir aux entrepreneurs la possibilité de créer des groupes de soutien et de collègues-aidants pour le personnel vivant des difficultés au niveau

---

35   Perspective Infirmière, OIIQ, janvier/février/2013/vol. 10/n° 1, page 9.
36   http://www.csa.ca/cm/ca/fr/recherche/article/publication-de-la-norme-nationale-du-canada-sur-la-sante-et-la-securite-psychologiques-en-milieu-de-travail

de leur mieux-être physique et psychologique. La valeur principale que je désire transmettre est la « Reconnaissance » et la « Générosité ».

J'ai mieux compris l'ampleur de la « Reconnaissance » dans une formation suivie en 2012, donnée par le Dr Serge Marquis[37], médecin spécialisé dans le domaine de la santé mentale au travail, entre autres.

Il est intéressant de mieux le situer. *Dr Marquis a fait ses études de médecine en 1977. Dès l'année suivante, il s'intéressait à la médecine du travail. Il complétait d'ailleurs une maîtrise en médecine du travail au London School of Hygiene and Tropical Medicine en 1980. Il est devenu spécialiste en santé communautaire en 1982. Depuis plus de vingt ans, il s'intéresse à la santé des organisations. Il a développé un intérêt tout particulier pour le stress et l'épuisement professionnel. Il est intervenu dans de nombreuses organisations publiques et privées à titre de consultant, formateur et conférencier. Il a également soigné un grand nombre de personnes devenues dysfonctionnelles au travail. Il y a six ans, il a mis sur pied sa propre entreprise de consultation dans le domaine de la santé mentale au travail, entreprise appelée T.O.R.T.U.E.*

Il agit également comme consultant pour de nombreuses organisations du secteur privé et des réseaux de la santé et de l'éducation. Il est l'auteur avec <u>Eugène</u> Houde d'un livre intitulé : « Bienvenue

---

37   http://www.tortue-marquis.com/Dr_Serge_Marquis/Profil.html

parmi les humains ». Il publie en 2011 le livre
« Pensouillard le hamster » dans lequel il est écrit
que le « Dr Serge Marquis vous invite à observer
les mouvements de votre ego. À vous amuser de
ses pitreries. Puis, à ralentir pour trouver la paix.
Étape par étape, l'auteur vous guide dans une
aventure inattendue, celle de la décroissance personnelle. Une démarche à contre-courant à la fois
divertissante et libératrice. « Car un petit pas de
moins pour Pensouillard, c'est un grand pas de plus
pour vous. »[38]

Ce que j'ai apprécié dans cette formation, c'est
l'authenticité de ce médecin. Il ose nous partager
avec passion et cœur des situations qu'il a vécues
dans sa vie privée pour nous faire comprendre
la vraie nature de la « Reconnaissance ». Cette
journée de formation m'a profondément touchée,
parce que je me reconnaissais dans ses propos. En
écrivant ces lignes, je me rends compte de l'importance d'accorder de la reconnaissance à ses pairs
en milieu de travail.

Docteur Marquis nous a dit : « *La reconnaissance
constitue un facteur de protection puissant contre
les méfaits d'une tension psychique trop élevée,
trop longtemps* ».

38   Marquis, Serge *Pensouillard le hamster* Les Éditions Transcontinental,
2011.

Je suis donc convaincue qu'avec un peu de bonne volonté et d'intérêt pour nos collègues, la reconnaissance de nos pairs peut nous aider à retrouver notre dignité humaine.

Je crois que nous avons besoin de retrouver un sens commun, une même direction, un sentiment d'appartenance et un ralliement vers une même cause. C'est pour cette raison que je crois au groupe de soutien.

Comme le dit si bien Dr Serge Marquis[39] :

« Depuis sa naissance, un être humain qui a grandi dans une famille saine a vu ses faits et gestes reconnus. On applaudit ses premiers pas, ses premiers mots, ses premiers dessins. On a souligné ses réussites à l'école et en dehors de l'école. Tout au cours de sa croissance, son cerveau a enregistré les multiples formes d'attention qu'on lui a manifestées. Bref, l'être humain a forgé son identité à travers la reconnaissance, il est devenu ce qu'il est à travers la reconnaissance.

Les milieux de travail contemporains semblent trop ignorer ces faits et négligent l'impact du regard porté sur l'utilité et la beauté du travail de l'autre, des autres. La reconnaissance constitue un facteur de protection puissant contre les méfaits d'une tension psychique trop élevée, trop longtemps. »

---

39   http://www.tortue-marquis.com/Dr_Serge_Marquis/Lart_de_la_re-connaissance.html

Il est grandement temps de passer à l'action, car les statistiques prévoient que l'invalidité pour santé mentale sera en 2020 la première cause d'absentéisme.

Les ressources pour pallier à ce fléau se multiplient.

Je vous invite également à visiter gwl@centrefor-mentalhealth.ca. Ce site bien construit et rempli d'informations pertinentes saura aider les malades, les proches ainsi que les intervenants.

Ainsi que le site de la Chaire en gestion de la santé et de la sécurité du travail de l'Université de Laval :

http://www.cgsst.com/fra/accueil-reconaissance-travail.asp

Pistes de réflexion

Il y aurait tant à dire sur les « bonnes pratiques »; j'ai voulu le traiter le plus simplement et avec une approche positive.

Selon Hippocrate, qui était considéré comme le plus grand médecin de l'Antiquité et le père de la médecine, un des principes premiers à respecter est :

- *Primum non nocere:* «*D'abord ne pas nuire*», *c'est-à-dire n'agir que dans la mesure de ses connaissances, et de ses capacités, sinon, le médecin doit déléguer le pouvoir de l'action à ses confrères.*

- *le secret a un statut sacré*

- *le principe de bienfaisance: tout faire pour être utile au malade, et surtout ne rien faire qui puisse lui nuire.*

À ces trois principes s'ajoute l'idée que le médecin doit être exemplaire, et qu'il doit se tenir à l'écart de toute corruption et de tout abus que pourrait lui conférer sa position; avec en toile de fond la notion de respect inconditionnel de la vie.[40]

Ces principes peuvent s'appliquer à toutes les professions de soignants et à beaucoup d'autres.

Ce qui attire mon attention : évidemment, le principe de **« ne pas nuire »,** mais aussi que « **le soignant doit être exemplaire »**.

Dans l'avant-propos du livre « Les soins infirmiers en psychiatrie et en santé mentale »[41], on nous mentionne que les soins infirmiers en psychiatrie ont énormément changé au courant des dernières années, mais que l'essence même demeure l'importance de la relation infirmière-client.

---

40   http://infodoc.inserm.fr/ethique/cours.nsf/1034cd983e27a917c125 685c002b7923/05afaf9052d024cb80256b970031095a ?opendocument
41   Mary Townsend, Soins infirmiers en psychiatrie et santé mentale , éditeur Erpi, Collection Compétences Infirmières, juin 2010, page V

« *C'est en effet grâce à la qualité de sa relation avec le client que l'infirmière pourra promouvoir la croissance de celui-ci ou l'aider à surmonter ses difficultés.* »

« *Durant sa maladie, le client fait divers apprentissages, qui dépendent de la façon d'être et d'agir de l'infirmière.* »[42]

J'inviterais donc les soignants à prendre soin d'eux. Avant, ce genre de discours me serait apparu égoïste. Aujourd'hui, avec du recul et de l'expérience, cet énoncé m'apparaît sain, normal et nécessaire, d'autant plus que l'impact de la qualité de la relation thérapeutique en dépend.

Au courant de ma période d'invalidité, j'ai beaucoup appris sur moi-même et, comme le mentionnait Rose-Marie Charest, psychologue[43] lors de son émission sur la santé mentale, il ne faut pas avoir peur de découvrir ce qui se cache sous les symptômes en santé mentale, car, la plupart du temps, on y trouve quelque chose de très beau. Je reconnais que je suis une meilleure personne qu'avant mon périple.

Je me suis retrouvée à la place du patient. Cette démarche m'a permis de m'outiller de façon réaliste et réalisable, comme l'aurait fait monsieur madame tout l'monde. En lisant le récent livre de la D^re Nathalie Rapoport-Hubschman

---

42   Pepleau, 1951,1952
43   Bien dans sa tête; http://www.radio-canada.ca/emissions/la_tele_sur_le_divan/2012-2013/document.asp ?idDoc=276084

intitulé « *Apprivoiser l'esprit, Guérir le corps* »[44], j'ai été très surprise de lire un paragraphe intitulé « Se mettre à la place des patients ». On mentionne que, depuis le début des années 1980, des médecins, infirmières, psychologues, diététiciennes et autres professionnels se retrouvent pour prendre de la distance par rapport à leur formation médicale, afin de mieux se mettre dans la peau de leurs patients. Chacun pratiquerait par exemple la relaxation pour ensuite en faire bénéficier les patients. Cela m'a fait sourire, car en soi c'est ce que j'ai fait et que je vous transmets maintenant.

---

44   D[re] Nathalie Rapoport-Hubschman, *Apprivoiser l'esprit, Guérir le corps*, Paris, Odile Jacob, 2012, page 107.

Conclusion

« Oui, je vous comprends ! »

« Vous me dites que c'est trop difficile et que vous pensez que vous ne passerez pas à travers ces difficultés. »

Cliente : « Oui c'est exactement ça. »

Infirmière : « Qu'est-ce qui est le plus difficile pour vous ? »

Cliente : « J'ai peur de perdre mon emploi, mon gagne-pain. Qu'est-ce que je vais donner à manger à mes enfants ? Ce n'est pas de ma faute, je souffre énormément dans tout mon corps et on ne trouve pas la cause. Je sens même que l'on met en doute mes souffrances... »

Infirmière : « Je reconnais sincèrement que ce que vous vivez est vraiment pénible et je suis tou-chée par ce que vous me confiez. »

À mon avis, l'un des points essentiels dans toute relation, c'est de :

« *Comprendre avant d'être compris !* »

Je parle d'écoute authentique. Je me rends compte que les personnes qui m'inspirent ont toutes ce point en commun : l'authenticité. Je citerais David Servan Schreiber, Thierry Janssen, Boris Cyrulnyk, Serge Marquis, Carl Brouillette, Sonia Lupien, Marielle Paradis et beaucoup d'autres.

Le Dr David Servan Schreiber, médecin psychiatre et chercheur en neurobiologie, nous propose d'écouter avec le cœur :

« *La technique ici proposée se résume en cinq questions qui se succèdent assez vite, avec comme moyen mnémotechnique pour s'en souvenir :* **« les Questions de l'ELFE ».**

Q pour « Que s'est-il passé ? » *L'important est d'écouter la personne en l'interrompant le moins possible pendant trois minutes, mais à peine plus.*

E pour « Émotion ». *La question à poser :* « *Quelle émotion as-tu ressentie ?* »

L pour « Le plus difficile ». « **Qu'est-ce qui a été le plus difficile pour vous ?** » *Question magique qui sert à focaliser l'esprit de celui qui souffre.*

F pour « Faire Face ». « Qu'est-ce qui vous aide le plus à faire face ? » On tourne l'attention de celui à qui on parle vers les ressources qui existent déjà autour de lui et qui peuvent l'aider à s'en sortir, se ressaisir.

E pour « Empathie ». Enfin, pour conclure l'interaction, il est toujours utile d'exprimer avec des mots sincères ce que l'on a éprouvé en écoutant l'autre. Le plus souvent quelques mots très simples suffisent, du type : « Je suis désolé de ce qui vous est arrivé ; j'étais ému, moi aussi, en vous écoutant ».

Nous ne pouvons pas vivre heureux, nous ne pouvons pas guérir au fond de nous-mêmes, sans trouver un sens au monde qui nous entoure, c'est-à-dire dans ce que nous apportons aux autres. »[45]

Ces questions très simples, mais combien aidantes, vous seront sûrement très utiles, que ce soit pour vous aider, aider vos proches, vos collègues ou vos employés.

Je vous suggère d'explorer les différents outils, thérapies et moyens pour mieux gérer le stress. Il y en a une panoplie, comme vous avez vu, et j'ai tenté au cours de ce livre, en me dévoilant avec sincérité, de vous aider à garder le courage et, peut-être aussi d'avoir pu appliquer un peu de baume sur vos blessures.

---

45   David SERVAN-SCHREIBER, *GUERIR, le stress, l'anxiété et la dépression sans médicaments ni psychanalyse*, Editions Robert Laffont, 2003, Chap. 13, p. 219-232. http://bien.vieillir.perso.neuf.fr/davidservanschreiberguerirfin.htm

Si vous saviez à quel point, je vous comprends !

Je suis sincèrement troublée devant la tournure dramatique que prennent malheureusement certaines situations d'invalidité. Entre autres, les faux diagnostics peuvent faire des dommages importants à une personne qui en est victime.

Je m'adresse aux proches et amis de cette personne, en vous demandant d'ouvrir votre cœur et votre porte-monnaie si vos moyens vous le permettent. Votre ami(e) ou frère ou sœur a besoin de vous !

Je ne connais personne qui se placerait dans cette situation difficile intentionnellement; de plus, ça pourrait être vous...

On aide les gens dans les catastrophes majeures, les tremblements de terre, les tsunamis, les incendies, les inondations. Sans devenir moraliste, il serait bon que la société reconnaisse la souffrance que vit cette personne : elle vit un tremblement de terre personnel auquel elle ne s'attendait pas et contre lequel il n'existe aucune préparation.

Les victimes ne demandent pas la charité, mais de la compassion discrète et sincère.

Dans notre monde d'aujourd'hui, je remarque qu'heureusement, un mouvement collectif de générosité tente de refaire surface. Je parle de la génération « G », je vous partage cet article très inspirant.

G comme Générosité

À l'inverse des générations X, Y ou Z, la **Génération G** ne se définit pas selon des critères démographiques ou sociologiques. Elle se compose d'individus de tous âges – consommateurs et citoyens – pour qui **la générosité, l'échange, l'attention** portée aux autres constituent des **éléments de satisfaction personnelle**.

En février 2009, trendwatching.com publiait un dossier intitulé Génération G, qui présentait la générosité comme **un état d'esprit de plus en plus présent** dans la société et dans les entreprises. Ce qui donne une **grille de lecture des comportements et des attentes des consommateurs** construite non pas sur des critères de refus, mais sur des **aspirations positives**.

Ainsi, le dégoût croissant des consommateurs envers l'égoïsme et la cupidité et leurs conséquences désastreuses sur l'économie coïncide avec **l'émergence d'une culture web** alimentée par des individus qui partagent, donnent, s'engagent, créent et collaborent.

La génération G ne cherche pas son statut social dans la consommation, mais plutôt dans un comportement responsable, citoyen, tourné vers les autres. **Le besoin d'être reconnu pour ce que l'on est et ce que l'on fait n'est pas nouveau.**

Mais il revient et s'installe en force sous les effets des habitudes prises sur Internet: échange, gratuité, contribution à une communauté, etc.[46]

Je voudrais dire aux personnes en difficulté d'oser accepter le soutien que l'on vous offre. Je sais que cela demande une grande dose d'humilité, mais combien aidante. Plus tard, lorsque vous irez mieux, vous pourrez à votre tour « donner au suivant ».

Avant de terminer, j'aimerais vous offrir encore quelques précieux outils qui m'ont réellement soutenue au cours de mon périple d'adaptation.

Au départ, je souligne l'importance de reconnaître la souffrance des gens. Puis, après avoir reconnu et nommé l'émotion qui sous-tend la douleur, le pas suivant consiste à identifier le vrai besoin qui se cache dernière cette émotion.

Je vous communique un outil que j'utilise depuis le début des années 2000, que j'ai découvert dans un groupe d'entraide qui a pour nom « La Clé des champs »[47]. J'utilise et partage cet outil régulièrement; il nous aide à identifier nos véritables besoins. Pour découvrir cet outil, vous rendre en Annexe II, p.197, sous le titre «ÉTAPES DE L'ÉMOTION».

---

46   http://c-marketing.eu/generation-g/
47   lacledeschamps.org La Clé des champs est un organisme communautaire situé à Montréal offrant des services d'entraide pour les personnes qui souffrent de troubles anxieux. L'ABBÉ, Jacqueline, La Clé des champs – Module Émotions, Éditions La Clé des champs, 2000

Témoignages

Pour ma part, un des besoins que je reconnais sous le couvert de ce livre est, entre autres, celui de la reconnaissance de mon intégrité de la part des acteurs du monde de l'invalidité, ceux qui m'ont côtoyée, soignants, employeurs, assureurs.

Je savais que j'avais des problèmes tangibles de vertiges, mais on ne me croyait pas...

J'ai encore une boule dans la gorge en remuant tout ça... J'ai encore du mal à croire et à évaluer tous les effets secondaires dévastateurs d'avoir porté l'étiquette d'invalide pendant aussi longtemps.

Bref, je me reconnais les forces de courage, d'intégrité, d'authenticité qui ont été mes moteurs pour passer à l'action. Je suis heureuse de pouvoir maintenant être là pour vous aider.

J'ai pensé ajouter quelques témoignages de personnes qui ont eu la délicatesse de me faire parvenir leurs messages au cours des dernières années.

À QUI DE DROIT :

La présente a pour but de féliciter madame Danielle Vaillancourt, infirmière et intervenante, pour ses bons services rendus dans mon dossier.

Il va sans dire que madame Vaillancourt a été d'une écoute soutenue et a surtout apporté des idées de solutions et des références pertinentes à mes besoins.

Je suis ravie d'avoir pu parler avec une personne de cette compétence, car, à chaque fois, je ressortais de notre conversation encouragée afin de surmonter mes difficultés.

Je remercie mes employeurs et les gestionnaires de ce programme de m'avoir fait bénéficier de cette aide providentielle, mais par-dessus tout, je tiens, faute de me répéter, à remercier madame Danielle Vaillancourt pour son encouragement et son intervention professionnelle.

Bien à vous,

Employée Casino de Montréal

À qui de droit,

Suite à une demande de référence pour madame Danielle Vaillancourt, je vous transmets mes opinions et observations; je la connais depuis maintenant plus de trois ans.

Danielle est une personne responsable et très professionnelle. Elle se démarque plus particulièrement dans sa façon d'aborder les situations avec ses techniques d'approche motivationnelle, ce qu'elle maîtrise avec un grand art ainsi que son assurance à conseiller et supporter les clients dans les démarches de la santé en prévention primaire et secondaire.

Elle est une collaboratrice de choix et de confiance c'est pourquoi je vous la réfère avec assurance.

Témoignages

Je reste disponible pour tout autre renseignement concernant madame Vaillancourt et vous encourage à communiquer avec moi en tout temps.

Cordialement,

Madame Lise Desbiens,

Infirmière en prévention de la santé

Chers lecteurs,

En tant que spécialiste en gestion de l'incapacité, j'ai eu l'opportunité de travailler avec Danielle Vaillancourt dans plusieurs dossiers de réadaptation. Par son expertise, son dévouement, ses habiletés interpersonnelles et avant tout son approche humaine, Danielle a su réhabiliter et réintégrer un grand nombre de personnes en milieu de travail. Ce fut un grand plaisir pour moi de travailler avec Danielle, et de par son expérience comme infirmière en santé mentale, j'ai acquis de nombreuses connaissances. Je crois qu'elle présente un atout pour toute équipe/entreprise et je recommande ses services avec confiance et enthousiasme !

Sincèrement,

Spécialiste en gestion de l'incapacité et du retour au travail pour une CIE d'assurance reconnue

---

À qui de droit,

J'aimerais partager avec vous le commentaire de Mme X, infirmière dans une compagnie pharmaceutique qui a testé le Q MSJMO en prévision d'un éventuel déploiement auprès des employés.

Son expérience avec le QS a été excellente. Selon elle, de loin le meilleur QS testé, plus agréable à compléter, convivial, précis. Elle a particulièrement apprécié la relance de D. Vaillancourt. Elle témoigne que cette intervention a été cruciale à son changement de

comportement. Elle souligne son très grand professionnalisme. Elle est elle-même infirmière en service santé
et confirme que son intervention lui a été grandement
bénéfique. Donc elle apporte un témoignage très crédi-
ble. SVP faire suivre à Danielle.

Conseiller senior,
Santé en milieu de travail

Un écrit significatif

Madame Vaillancourt nous a livré un témoignage à la fois vibrant et alarmant d'une réalité existante dans notre société où le regard posé sur l'humain peut parfois être teinté d'une lunette embrouillée par un ensemble de règles d'un système qui s'essouffle...

Le retrait professionnel pour maladie est souvent vécu avec stress, insécurité et impuissance. La présence de symptômes physiques et/ou psychologiques déjà envahissants ne permet pas au travailleur de mener son dossier avec vigueur à la suite d'un arrêt de travail. Les symptômes vécus s'en trouvent souvent aggravés par l'augmentation du stress occasionné par le suivi de son dossier. Madame Vaillancourt évoque si bien que le rôle de chacun des acteurs est essentiel dans le recouvrement de la santé, soit l'équilibre physique, psychologique et émotionnel de la personne. Il s'avère primordial que la reconnaissance et la validation de la problématique ainsi que ses impacts et ses conséquences soient considérés par les intervenants reliés au dossier.

Le citoyen, étant régi par des structures et des programmes de santé qui le prennent en charge, a adopté au fil du temps une habitude spontanée et légitime, compte tenu des sommes qu'il investit au système de santé, de s'en remettre à celui-ci. Devant l'augmentation constante des demandes de soins de santé, il devient difficile d'assumer la totalité des responsabilités qui lui incombent. Tel que madame Vaillancourt en fait mention dans ce livre, il nous semble de plus en plus évident que la prise en charge de la santé doit et devra s'établir entre le citoyen et le système de santé. Ce faisant, le citoyen reprend son propre pouvoir de vivre une vie à son image avec estime et confiance et le système de santé s'en trouve désengorgé.

L'humain vivant sous de multifacettes, l'aide apportée pour le retour à l'équilibre biopsychosocial se doit de viser cet objectif. Madame Vaillancourt nous incite, par différents moyens à la fois simples et efficaces, à poursuivre dans cette optique, tant pour le travailleur que pour les intervenants qui collaborent dans ce sens. Nous croyons aussi que deux valeurs sous-jacentes à la réussite de ce processus sont importantes, soit la reconnaissance et la considération du vécu de la personne en quête de services vers son rééquilibre personnel et professionnel.

Par son vécu, madame Vaillancourt appelle à la collaboration efficace et efficiente entre la personne et les intervenants du système de santé dans la gestion du retrait professionnel pour maladie.

Un tel ouvrage demande une grande humilité et une empathie envers toutes les personnes aux prises avec ce genre de problématique. La somme d'informations que madame Vaillancourt a mise à la disposition de ses lecteurs est colossale. Aussi utiles que pertinentes, elles sauront les guider vers une santé et un mieux-être global. Nous lui en sommes très reconnaissants.

Tout comme madame Vaillancourt, nous croyons que « l'espoir et la croyance sont des éléments importants du changement ».

Nathalie Blanchet
Psychologue
Crois-sens

Me voilà rendue à la fin de cette belle communication. En partageant ces témoignages, mon papa qui vient de nous quitter doit s'exclamer :

« **BRAVO** ! Tu as réussi ma belle fille et je suis fier de toi ! »

Depuis ma tendre enfance, mon père s'est toujours manifesté haut et fort en riant, en applaudissant, en nous félicitant et en nous serrant dans ses bras. J'aimerais lui dire, comme s'il était encore là:

« Cher papa, tu avais confiance en mes talents, mais tu as toujours eu peur pour moi. Selon toi, j'avais des idées de grandeur irréalistes. En soi, avec du recul, je pense que tu avais peur pour moi parce que je te ressemblais. »

Ici et maintenant, j'ai réussi mon projet « écrire mon livre pour aider les autres » que j'aimerais partager maintenant avec vous chers lecteurs. À travers ce voyage de vie, j'ai retrouvé la confiance et l'estime de moi. J'espère avoir rallumé en vous le goût de vous faire confiance, de vous battre pour obtenir ce qui vous semble juste. Vous êtes la personne la mieux placée et la plus fiable pour savoir ce qui est bon pour vous-même.

J'aimerais terminer en vous offrant ce dernier outil :

Lorsque j'ai fait mon cours en entreprenariat, une des chargés de cours nous avait posé trois questions qui se sont avérées être des clés pour retrouver la personne que je suis. Elles sauront sûrement vous éclairer, essayez-le ![48]

Les voici :

1. Que voulais-tu faire quand tu étais petite ?

2. Qu'est-ce que les gens disaient de toi ?

3. Qui était ton modèle ?

Je termine en vous disant que ma mère est un modèle pour moi, avec sa force tranquille; elle nous a transmis sa « Sagesse », sa bonté et sa générosité. Elle nous a appris à vivre le moment présent.[49]

MERCI DE TOUT COEUR MAMAN !

---

48   First Things First de Stephen Covey, by the Covey Leadership Center
49   Eckhart Tolle, *Le pouvoir du moment présent*, Ariane Éditions, Canada, 2000, 220 pages

Annexe I

Comprendre la notion d'invalidité pour naviguer avec les systèmes d'indemnisation[50]

Dans cette annexe, j'ai pensé qu'il était pertinent de me pencher sur l'aspect légal de l'invalidité. Ces précisions vous aideront à voir plus clair dans votre situation d'invalidité. Nous allons explorer les notions de base en gestion d'invalidité, avec Carl Brouillette, ergothérapeute, détenteur d'une Maîtrise en Sciences biomédicales, option réadaptation et chargé de cours et formateur en pratiques de la réadaptation, et gestion de l'invalidité.

Avant de plonger dans le sujet, il est important de vous rappeler que vous avez, en tant que travailleur, des droits et des devoirs, autant que la partie patronale a des droits, mais aussi des devoirs.

---

50   Concept établi par Carl Brouillette, ergothérapeute et président de Globalité mieux-être performance et chargé de cours à l'Université de Sherbrooke.

Comprendre la notion d'invalidité

J'ai constaté que les travailleurs généralement n'ont pas lu les contrats qu'ils signent au moment de l'embauche. Ils sont ensuite surpris, entre autres, par une clause régissant leur invalidité, les obligeant à recevoir des services de réadaptation. Je vous suggère de vous faire aider par vos proches ou par des conseillers dans le domaine si toutes les paperasses administratives à lire et remplir vous submergent, car il est important de collaborer afin de recevoir à temps ce qui vous revient de plein droit.

En tant qu'employé, vous partagez avec votre employeur la responsabilité de promouvoir et d'assurer la santé et la sécurité dans votre milieu de travail. Il est de votre devoir de prendre soin de votre santé dans le milieu de travail et à l'extérieur de celui-ci. De son côté, votre employeur a l'obligation de veiller à ce que le milieu de travail soit sain et sécuritaire. Bref, il est dans l'intérêt de tous de promouvoir de saines habitudes de vie et de saines pratiques en milieu de travail afin d'aider tous les employés à effectuer leur travail au meilleur de leurs capacités.

Dans cette annexe, nous aborderons les éléments suivants:

1. Survol de la gestion de l'incapacité

La gestion de l'incapacité ou un programme de gestion de l'incapacité au travail comporte habituellement trois grandes composantes: le mieux-être, l'aide au rétablissement et à la réadaptation, ainsi que la réintégration et les mesures d'accommodation.

Composante du mieux-être

L'objectif de cette composante est de promouvoir la santé et le mieux-être au travail, c'est-à-dire de créer du mieux-être, prévenir les accidents et les maladies découlant des risques et des dangers associés au milieu de travail et son climat, et de protéger la santé des employés.

Dans le cadre de cette composante, nous retrouvons des politiques, des programmes, des services, des équipements de protection visant à réduire le risque de maladies et de blessures et à aider les employés à contraindre les menaces pour la santé. De façon plus concrète, ceci se traduit habituellement par l'implantation de normes de santé et sécurité, un programme d'aide aux employés, des initiatives de prévention des maladies (campagne de vaccination, dépistage du diabète, dépistage de la haute pression artérielle...), des programmes de coaching mieux-être, des formations sur la santé mentale et le stress, des formations sur les blessures musculo-squelettiques.

Composante d'aide au rétablissement et réadaptation

L'objectif de la composante d'aide au rétablissement et réadaptation est de permettre aux employés malades ou blessés de demeurer au travail, dans la mesure du possible, sinon de préparer le terrain en vue d'un retour réussi au travail.

Dans le cadre de cette composante, nous retrouvons les régimes d'indemnisation des accidents de travail et les régimes d'avantages sociaux qui fournissent un revenu de remplacement et des services de réadaptation aux employés absents. Nous retrouvons également des services et programmes d'intervention précoce, de la gestion des situations d'incapacité au travail, les programmes de maintien et de retour au travail, et la planification d'un retour rapide et efficace au travail.

Composante de réintégration et mesures d'accommodation

L'objectif de la composante de réintégration et de mesures d'accommodation est de modifier ou d'ajuster un emploi et/ou un environnement de travail, et de créer un milieu de travail accueillant pour des employés malades ou blessés afin qu'ils puissent demeurer au travail ou y revenir après une absence pour cause de maladie ou de blessure et effectuer les tâches de manière sécuritaire et efficace.

Dans le cadre de cette composante, nous retrouvons encore une fois des politiques, des services et des soutiens qui facilitent la réintégration des employés après un congé de maladie court ou prolongé, y compris des employés qui sont ou deviennent en situation de handicap.

Dans chaque composante, les lois, les conventions collectives et les politiques des employeurs établissent les mesures et les paramètres que les employeurs peuvent prendre pour promouvoir le mieux-être (mieux-être), gérer de façon proactive les situations d'incapacité (aide aux rétablissement et réadaptation) et aider les employés à demeurer ou à revenir au travail (réintégration et mesures d'accommodation).

2. Distinction entre l'incapacité professionnelle et l'incapacité non professionnelle

En théorie, une gestion efficace de l'incapacité ne varie pas selon la cause d'une maladie ou d'une blessure. Par contre, les exigences, en vertu des lois, des politiques relatives à la gestion de l'incapacité et des régimes administratifs qui régissent la prestation des services de gestion de l'incapacité et des avantages sociaux, diffèrent selon qu'une maladie ou une blessure est liée directement ou non au travail.

Il existe deux principaux types d'incapacité : l'incapacité professionnelle et l'incapacité non professionnelle.

Les cas d'accident de travail ou de maladie professionnelle:

Il s'agit des situations directement liées au travail et elles sont traitées, au Québec, dans le cadre de la **Loi sur la santé et la sécurité du travail (LSST) (L.R.Q., c.S-2.1)** et la **Loi sur les accidents du travail et les maladies professionnelles (LATMP) (L.R.Q., c. A-3.001)** qui font appel au système d'indemnisation de la Commission de la santé et de la sécurité au travail (CSST) pour statuer sur les réclamations et fournir des services de réadaptation et autres ainsi que des prestations d'assurance salaire. L'incapacité professionnelle comprend des cas de blessure psychologique et de tension mentale à la suite d'un événement traumatique au travail, bien que le nombre de refus demeure élevé.

Les cas d'incapacité non professionnelle

Il s'agit des maladies, des blessures ou des problèmes de santé physique et psychologique non liés au travail et ils sont traités conformément aux lois, aux politiques de l'employeur, aux conventions collectives et aux ententes conclues avec des administrateurs des régimes d'assurance invalidité.

La plus grande distinction entre les maladies ou blessures professionnelles et non professionnelles est dans le cadre de la composante de l'aide au rétablissement et réadaptation. En effet, elle a une incidence sur la source des prestations et des services offerts aux employés ayant une maladie, une blessure ou un problème de santé invalidants. Dans le cadre de la composante de réintégration et de mesures d'accommodation, cette distinction a peu d'incidence sur les employés malades ou blessés relativement aux mesures qui pourraient et devraient être prises pour les aider à demeurer au travail ou à y retourner après une maladie ou une blessure. Quant à la composante de mieux-être, la principale différence est l'obligation d'établir un rapport détaillé sur les maladies professionnelles ou les accidents de travail dans le but de rendre le milieu de travail plus sécuritaire pour tous les employés.

3. Survol du régime d'indemnisation et de gestion de la CSST

Dans les cas de maladies ou de blessures professionnelles, les congés, les indemnités de remplacement du revenu et les services de réadaptation sont fournis aux employés en vertu des lois, des politiques et des lignes directrices gérées par la Commission de la santé et de la sécurité au travail

(CSST). Pour tous les détails, le lecteur est invité à consulter le site web de la CSST au <u>http://www.</u> <u>csst.qc.ca</u>.

La CSST communique directement avec l'employé pour ce qui est du processus de règlement des demandes. Dans la plupart des cas, la CSST envoie une copie des lettres de décision à l'employeur. Elle détermine si les absences du travail pour raison de maladie ou de blessure – la « période d'incapacité » – sont justifiées. Pour fonder sa décision, l'agent de la CSST fait appel aux articles contenus dans les lois.

Admissibilité des réclamations

Il existe trois catégories principales de lésions professionnelles:

- accident de travail;

- maladie professionnelle;

- rechute, récidive ou aggravation.

Ces éléments sont définis dans la loi. Il importe de mentionner que la loi prévoit des présomptions qui rendent plus facile l'indemnisation de l'employé par la CSST. Toutefois, la présomption ne s'applique pas pour la rechute, récidive ou aggravation.

L'analyse et l'acceptation d'une réclamation s'effectuent selon cinq angles:

- présomption de lésion professionnelle;

- accident de travail;

- présomption de maladie professionnelle;

- maladie professionnelle;

- rechute, récidive ou aggravation;

- Présomption de lésion professionnelle.

La CSST va présumer de l'existence d'une lésion professionnelle (c'est-à-dire une blessure) lorsque les trois conditions suivantes sont présentes :

- apparition d'une blessure ou maladie;

- sur les lieux de travail;

- alors que la personne est à son travail.

Généralement, la personne sera indemnisée dans un tel contexte. Par contre, il arrive que l'employeur conteste la relation de cause à effet entre la blessure et les circonstances de l'accident allégué.

Pour bénéficier de la présomption de blessure, la personne doit démontrer qu'elle a subi une blessure. Ceci correspond habituellement au diagnostic médical émis par le médecin ayant évalué la personne. La notion de lieux de travail est un critère fort large qui inclut tous les endroits où la personne est susceptible d'avoir à exécuter ses tâches de travail. Enfin, le troisième critère que la personne soit au travail, inclut toute action exécutée par la personne dans le cadre de son emploi.

Tel que mentionné précédemment, il arrive que l'employeur conteste cette présomption. Voici donc deux façons de faire échec à la notion de présomption :

Elle ne s'applique pas car au moins une des trois conditions d'application n'est pas rencontrée;

Elle s'applique, mais elle est renversée puisqu'il y a preuve d'absence de relation de cause à effet entre l'événement décrit et la blessure diagnostiquée.

Accident de travail

L'accident de travail est défini dans la loi avec les éléments clés suivants :

1. Un événement imprévu et soudain;

2. Attribuable à toute cause;

3. Survient à une personne par le fait ou à l'occasion du travail;

4. Entraîne pour la personne une lésion professionnelle (c.-à-d. qu'il doit y avoir un lien entre la lésion et l'événement imprévu et soudain).

Un événement imprévu et soudain fait référence à quelque chose d'inhabituel, qui peut engendrer une surprise, contrairement à un geste posé de façon volontaire. Il arrive dans certaines circonstances de conclure à un événement imprévu et soudain en l'absence d'un fait accident. À ce moment, les circonstances doivent inclure un effort soutenu, un effort dur et inhabituel ainsi qu'une succession d'efforts. Par exemple, « en me tournant pour prendre le colis, j'ai ressenti une douleur au dos » ne correspond pas aux critères énoncés. Cependant, dans l'exemple ici, les circonstances sont différentes : « J'ai soulevé le colis et il m'a glissé des mains. En cherchant à le rattraper, j'ai ressenti une vive douleur au dos ».

<u>Attribuable à toute cause</u> signifie que même si une personne n'a pas suivi les règles de sécurité de l'employeur, l'accident ne peut être exclu.

Survient à une personne par le <u>fait ou à l'occasion du travail</u>. Généralement, le tout se produit dans le cadre de l'exécution des tâches de la personne. Par contre, l'événement imprévu et soudain peut se produire au moment de l'accomplissement de fonctions connexes. Bref, il doit y avoir un lien de connexité suffisant.

Finalement, lorsqu'il est question de la notion d'entraîner une lésion professionnelle, le critère déterminant est celui de la relation de cause à effet entre l'événement imprévu et soudain allégué et le diagnostic médical. Ceci explique également l'implication fréquente d'un médecin-conseil ou d'un médecin indépendant.

Présomption de maladie professionnelle

Cette présomption s'applique lorsque les deux conditions essentielles suivantes existent en même temps :

1. La personne doit faire la démonstration qu'elle est atteinte d'une maladie énumérée dans la loi sur les accidents de travail et les maladies professionnelles.

2. La personne doit faire la démonstration qu'elle exerce le travail correspondant, lui aussi exposé dans la loi sur les accidents de travail et les maladies professionnelles.

Maladie professionnelle

Dans la loi (art 2 et 30 de L.A.T.M.P. - Loi sur les accidents du travail et les maladies professionnelles), la maladie professionnelle est définie par les éléments suivants :

- maladie;

- contractée par le fait ou à l'occasion du travail;

- et qui est caractéristique de ce travail ou reliée directement aux risques particuliers de ce travail.

Ainsi, la personne doit faire la démonstration qu'une proportion statistiquement significative des personnes qui exercent le même type de travail ont développé la même maladie.

Rechute, récidive ou aggravation

Ces éléments n'impliquent pas nécessairement la survenue d'un nouveau fait accidentel ni que cela ne survienne par le fait ou à l'occasion du travail accompli par la personne.

Évidemment, pour que le tout soit reconnu, il importe qu'il y ait une détérioration objective de la condition de santé de la personne.

Processus de gestion des demandes en lien avec la CSST

Dans la section précédente, nous vous avons exposé les éléments clés associés à l'admissibilité d'une réclamation par la CSST. Dans la présente section, nous exposerons les éléments clés du processus de gestion d'une réclamation avec la CSST. Mais d'abord, voyons le concept **d'Indemnité de remplacement du revenu**.

Pour être admissible à cette indemnité – soit 90 % du salaire net retenu – la personne doit faire la démonstration qu'elle a subi une lésion professionnelle et qu'elle est incapable d'exercer son emploi en raison de sa lésion professionnelle, ou si elle n'a plus d'emploi, qu'elle est incapable d'exécuter l'emploi qu'elle occupait auparavant.

Il est important de comprendre que c'est la CSST qui décide de la capacité de la personne à exécuter son emploi (art.349 L.A.T.M.P.).

À nouveau, tous les détails pour soumettre une réclamation sont présents sur le site de la CSST. Cependant, nous vous exposerons ici certaines actions qui pourraient se produire dans le cadre de votre réclamation.

1- Évaluation médicale

Lorsqu'une personne subit une lésion professionnelle, elle se doit de consulter le médecin de son choix. La CSST sera liée par l'opinion de ce médecin dans l'analyse et le traitement de la réclamation sur les cinq points suivants :

- diagnostic;

- traitements;

- période de consolidation;

- existence et évaluation des limitations fonctionnelles;

- existence et évaluation d'une atteinte permanente à l'intégrité physique ou psychique.

La procédure d'évaluation médicale dans le cadre d'une réclamation à la CSST pourrait se résumer ainsi lorsque l'employeur conteste:

1. Réception par l'employeur du rapport médical du médecin qui a évalué la personne blessée;

2. Évaluation de la personne et rapport par le médecin de l'employeur;

3. Demande au Bureau d'Évaluation Médicale (B.E.M) par l'employeur dans les 30 jours de la réception du rapport médical du médecin de la personne blessée et transmission du rapport du médecin de l'employeur au médecin de la personne blessée avec une demande de rapport complémentaire;

[www.travail.gouv.qc.ca/pour_nous_joindre/nous_joindre/bureau_devaluation_medicale_bem.html];

4. Rapport complémentaire par le médecin de la personne blessée et transmis directement à la CSST;

5. CSST réfère le dossier au B.E.M;

6. Examen et avis du B.E.M;

7. Décision de la CSST.

2- Assignation temporaire

L'assignation temporaire est un droit que l'employeur possède en vertu de la LATMP (art.179). En contrepartie, l'employeur n'a aucune obligation d'offrir une assignation temporaire même si la personne blessée le demande.

Il est à noter également que l'employeur n'a pas le droit de contester le refus du médecin de la personne à autoriser l'assignation temporaire. Il ne peut que persévérer.

3- Réadaptation

Si la personne blessée subit une atteinte permanente, elle a droit à des mesures de réadaptation et ce, en vue de sa réinsertion sociale et professionnelle (art. 145). Le processus de réadaptation va débuter lorsqu'un conseiller en réadaptation de la CSST sera assigné au dossier. Il procédera à une évaluation des besoins en explorant en particulier la condition physique, sociale et professionnelle.

Comprendre la notion d'invalidité

Il arrive de plus en plus fréquemment que la CSST enclenche le processus de réadaptation avant même que ne soient connues officiellement les atteintes permanentes et les limitations fonctionnelles. Le processus peut amener la personne à retourner chez son employeur ou accéder à un emploi convenable ailleurs sur le marché de l'emploi.

3. Survol des régimes d'indemnisation en cas de maladies ou blessures non professionnelles

Pour les cas de maladies ou de blessures non professionnelles, les congés, les indemnités de remplacement du revenu et les services de réadaptation sont prévus dans divers régimes.

Lorsqu'il s'agit d'une police d'assurance privée, il importe de préciser que chaque compagnie possède sa propre définition d'invalidité. De plus, à l'intérieur d'une même compagnie, il peut y avoir différentes polices d'assurance avec différentes définitions de l'invalidité. Nous retrouvons souvent des différences entre les polices d'assurance individuelle et les polices d'assurances collectives. Au niveau des assurances collectives, il peut y avoir des groupes qui choisissent des définitions d'invalidité non standard. Il se peut donc que deux personnes aux prises avec le même diagnostic médical ne reçoivent pas les mêmes prestations puisqu'elles ne possèdent pas la même police d'assurance.

Bien que nous vous exposions ici les concepts clés au niveau de l'assurance privée invalidité, il est important de rappeler que la personne qui a une maladie ou une blessure non professionnelle a avantage à connaître les clauses de sa police et particulièrement la définition de l'invalidité. Il est possible d'obtenir une copie de la police d'assurance dans laquelle la garantie d'invalidité sera détaillée.

Type de protection

Dans le domaine de l'invalidité, nous retrouvons habituellement trois catégories de protections :

a. Remplacement de salaire (assurance salaire);

b. Invalidité de courte durée;

c. Invalidité de longue durée.

Le remplacement de salaire est un type de protection qui, comme son nom l'indique, offre l'opportunité à la personne blessée ou malade de bénéficier d'une continuité de son salaire dans la mesure où elle rencontre la définition d'invalidité prévue aux directives régissant cette protection. La durée de ce type de protection varie. Nous y retrouvons généralement des plans de 15, 26, 52 semaines. Cependant, il y a des plans de 104 semaines, notamment pour les employés de la Fonction publique du Québec. Encore là, le pourcentage du remplacement de salaire va varier selon la police ou le plan. Généralement, le pourcentage se situe autour de 70 % du revenu brut avant l'arrêt de travail pour cause de maladie ou blessure. Par contre, il est possible que ce pourcentage soit inférieur ou supérieur ou encore qu'il change selon le nombre de semaines et d'années de service. Ainsi, vous pourriez avoir un plan qui couvre à 55 %, à 66,67 %, 80 %, 100 % ou un plan comme suit :

Années de service	Nombre de semaines payables à 100 % du salaire	Nombre de semaines payables à 75 % du salaire
Moins de 1 an	2 semaines	24 semaines
1 à 2 ans	4 semaines	22 semaines
2 à 3 ans	6 semaines	20 semaines
3 à 4 ans	8 semaines	18 semaines
4 à 5 ans	10 semaines	16 semaines
5 à 6 ans	12 semaines	14 semaines
6 à 7 ans	14 semaines	12 semaines
7 à 8 ans	16 semaines	10 semaines
8 à 9 ans	18 semaines	8 semaines
9 à 10 ans	20 semaines	6 semaines
10 à 11 ans	22 semaines	4 semaines
11 à 12 ans	24 semaines	2 semaines
12 ans et plus	26 semaines	aucun

La définition d'invalidité que nous retrouvons habituellement dans ce type de police ressemble à : un état d'incapacité résultant soit d'une maladie, soit d'un accident ou soit d'une absence nécessitant des soins médicaux et qui rend la personne totalement incapable d'accomplir les tâches essentielles de son emploi.

Par contre, il y a parfois des variantes importantes dans le choix des mots. Par exemple, accomplir sa propre profession plutôt que tâches essentielles. Ainsi, une personne qui a une formation d'infirmière pourrait être incapable d'exécuter les tâches de son emploi actuel, mais pas nécessairement incapable d'exécuter sa profession. Nous retrouvons aussi des notions comme incapable d'accomplir tout autre emploi analogue qui lui est offert.

Également, nous retrouvons parfois un autre critère à la définition d'invalidité : la personne doit recevoir des soins et des traitements jugés satisfaisants et appropriés à la condition de santé.

Il existe habituellement un délai de 0 à 7 jours (appelé délai de carence) qui s'applique avant que le versement des prestations se fasse lorsqu'il est reconnu que la personne satisfait aux exigences du contrat.

L'invalidité de courte durée est une protection généralement administrée par un assureur privé, mais pourrait être administrée par un employeur ou une tierce partie.

La durée de la protection varie habituellement de 15 à 26 semaines, mais il est possible d'avoir des contrats de durée supérieure. La moyenne est de 17 semaines. Le pourcentage d'indemnisation varie lui aussi. Ce que nous retrouvons de façon plus standard est 70% du revenu brut, mais sachez qu'il arrive que ce soit plus bas (55 %) ou plus élevé (jusqu'à 100 %).

Le versement des prestations débute après un délai de carence qui varie. Également, ce type de protection cesse lorsque la personne atteint l'âge de 65 ou 70 ans et ce, qu'elle rencontre ou non la définition d'invalidité.

La définition d'invalidité commune que nous retrouvons dans ce type de protection est :

En raison d'une maladie ou d'une blessure, la personne est incapable d'accomplir les tâches habituelles de son emploi;

La personne doit recevoir des soins et des traitements jugés satisfaisants et appropriés.

Voici des types de définitions courantes :

• incapacité d'exercer sa propre profession;

• incapacité d'exercer sa profession habituelle;

• incapacité d'exercer une profession quelconque;

• incapacité d'exercer les tâches importantes inhérentes à son emploi;

• incapacité d'exercer son emploi.

L'invalidité de longue durée est une protection administrée par un assureur privé.

La protection débute à la fin de l'invalidité de courte durée (si la personne a cette couverture) ou à la fin du délai de carence prévu à la police d'assurance. La durée de la protection ne dépasse pas l'âge de 65 ans, mais peut se terminer avant si la personne ne satisfait plus aux exigences et critères de la définition d'invalidité à la police.

La définition d'invalidité commune que nous retrouvons dans ce type de protection est :

En raison d'une maladie ou d'une blessure, la personne est incapable d'accomplir les tâches habituelles de son travail pendant deux ans (24 mois) ou plus; Après cette période de 2 ans, la personne doit être incapable d'effectuer quelque travail que ce soit.

Le dernier point prend habituellement en considération les notions suivantes dans l'analyse : qualités et compétences, niveau de scolarité, formation et expérience de la personne. De plus, le nouvel emploi doit procurer un salaire comparable. La notion de salaire comparable n'est pas toujours définie dans les contrats mais réfère habituellement à 60 %-70 % du revenu que la personne gagnait avant son arrêt de travail pour raisons médicales.

Dans les régimes d'assurance privée invalidité, il y a différentes dispositions qui doivent être prises en compte. Parmi celles-ci, il y a les éléments suivants :

- recevoir des traitements appropriés et satisfaisants pour l'assureur;

- clause de réadaptation.

Par exemple, monsieur Untel est en arrêt de travail suite à un diagnostic de dépression majeure et de dépendance aux drogues. Le médecin traitant a recommandé une cure de désintoxication, mais Monsieur refuse. En vertu de son contrat d'assurance, Monsieur pourrait se voir refuser des prestations, car il ne suit pas les traitements jugés satisfaisants et appropriés à sa condition.

Madame Unetelle est en arrêt de travail suite à un diagnostic de fibromyalgie. Les meilleures pratiques cliniques concernant ce diagnostic sont de favoriser un programme de réactivation/exercices adapté à la condition de la personne. La mise en place d'un tel programme par l'assureur entraînerait une obligation de la personne à y participer pour continuer de recevoir des prestations.

Associée à cette notion de traitement approprié, dans les polices d'assurance, nous retrouvons habituellement une clause de réadaptation. Cette clause peut être définie différemment selon le contrat, mais l'essence de la clause dit que si l'assureur juge que la personne pourrait participer à un programme de réadaptation, la personne est tenue d'y participer à défaut de quoi elle pourrait voir le versement de ses prestations cesser. Le programme de réadaptation est conçu pour aider les personnes à retourner dans leur emploi pré-invalidité ou un niveau d'emploi acceptable. Les modalités utilisées dans le cadre de ce programme sont variables, mais dont le but demeure de faciliter la réadaptation [Reprise progressive de l'activité après une maladie ou une blessure ou permettre à des personnes qui composent avec la maladie de compenser ou d'éliminer les déficits fonctionnels, de surmonter les barrières interpersonnelles et environnementales associées à la présence du handicap, de restaurer leur capacité de travailler d'une façon autonome].

Au cours de la gestion de votre réclamation d'assurance invalidité, l'assureur peut utiliser différents outils afin de déterminer si votre état correspond toujours à la définition d'invalidité au contrat. Parmi ces outils, nous retrouvons notamment:

• Entretien téléphonique: Le gestionnaire du dossier ou un membre de l'équipe de réadaptation peut questionner la personne sur son niveau de fonctionnement afin de comprendre les obstacles à son retour au travail.

• Évaluation médicale indépendante (communément appelé expertise médicale): Il s'agit d'une évaluation par un médecin indépendant de l'assureur et de la personne, mais qui a été choisi par l'assureur. Le médecin procède alors à l'évaluation médicale de la personne et répond aux questions soumises par l'assureur préalablement à l'évaluation. Dans les circonstances où les conclusions ne sont pas satisfaisantes pour vous, il demeure possible de vous-même, comme individu, d'engager un médecin indépendant pour procéder à une autre évaluation médicale (contre-expertise).

• Médecins conseils: L'assureur peut demander à son médecin conseil de réviser le dossier. Le médecin conseil ne rencontre pas la personne.

• Évaluation des capacités fonctionnelles : C'est un processus s'échelonnant sur quelques heures ou journées permettant de mettre en lumière les capacités et les limitations d'une personne à la suite d'une maladie ou blessure. L'évaluation est composée d'une entrevue, de questionnaires, de tests standardisés et de simulations de tâches donnant de l'information sur divers aspects de la personne, telles que la condition douloureuse, la mobilité et la force des articulations, la tolérance à demeurer dans une position statique, la capacité à manutentionner une charge, l'endurance à la marche, etc.

• Évaluation du fonctionnement occupationnel: C'est un processus semi-structuré conçu pour obtenir de l'information qualitative et quantitative quant au fonctionnement de la personne au niveau de ses soins personnels, sa productivité, ses loisirs et son repos.

- Analyse ergonomique: évaluation d'un poste de travail afin d'assurer une posture et une méthode de travail optimale à la personne.

- Programme de retour progressif au travail.

Finalement, un autre élément à considérer dans votre invalidité est la notion de changement de définition d'invalidité après 24 mois d'invalidité de longue durée.

Voici quelques aspects, en lien avec la notion de changement de définition, que nous retrouvons dans les polices d'assurance invalidité longue durée.

D'abord, l'article 2416 C.c.Q. stipule :

« L'assureur doit, dans une police d'assurance contre la maladie ou les accidents, indiquer express-sément et en caractères apparents la nature de la garantie qui y est stipulée. Lorsque l'assurance porte sur l'invalidité, il doit indiquer, de la même manière, les conditions de paiement des indemni-tés, ainsi que la nature et le caractère de l'invalidité assurée. À défaut d'indication claire dans la police concernant la nature et le caractère de l'invalidité assurée, cette invalidité est l'inaptitude à exercer le travail habituel ».

Dans la jurisprudence [c'est-à-dire l'ensem-ble des décisions précédemment rendues sur un sujet donné qui illustrent comment un problème juridique a été résolu], nous retrouvons une in-terprétation libérale plutôt que littérale en ce qui concerne la notion de changement de définition. La décision dans Sarrazin c. Mutuelle du Canada (La), Compagnie d'assurance sur la vie (1993) R.R.A.424 le démontre :

« Le travail dont il s'agit ne doit pas être un travail quelconque, mais doit être en rapport avec l'instruction, la formation et l'expérience de l'assuré; le travail doit procurer une rémunération comparable aux revenus antérieurs; il doit y avoir une « affinité » entre l'emploi antérieur et l'assuré et il doit s'agir d'un travail régulier permettant à l'assuré de gagner sa vie; invalidité totale s'entend dans le sens d'une invalidité substantielle; en cas de controverse entre les experts, le Tribunal doit retenir le témoignage de la victime elle-même ».

L'incapacité d'accomplir tout travail rémunérateur doit être examinée selon des critères objectifs, comme la capacité physique et le niveau de préparation professionnelle ou technique. Voir Chalifoux c. Assurance-vie Desjardins (1997) R.R.A.945

Il est important au moment du changement de définition que la limite géographique soit prise en compte dans l'établissement de l'existence d'un emploi. Voir Théberge c. Financière Manuvie (1998) R.R.A.838 (C.S.)

Voici quelques jurisprudences (allez à http:// www.jugements.qc.ca/ pour consulter la jurisprudence):

Annexe I

Compagnie d'assurances Standard Life c. Guitard (2006) QCCA451

M.B. c. Standard Life (2008) QCCS583

Caisse populaire de Maniwaki c. Giroux, [1993] 1 R.C.S. 282

Compagnie d'assurance-vie de Pennsylvanie c. English, REJB, 1998 – 08825

Compagnie d'assurance Standard Life c. Tougas, REJB 2004-69413

Charpentier c. Compagnie d'assurance Standard Life, REJB 2001-25043

Lawyers Title Insurance Corporation C. Michalakopoulos, EYB 2004-71628 (C.S.)

Syndicat canadien de la fonction publique, section locale 79 c. Ville de Toronto et Douglas C. Stanley al., [2003] 3 R.C.S. 77

L'Heureux c. Lapalme, REJB 2002-35416

Lefort c. Desjardins Sécurité financière, EYB 2007-124087

Bourcier c. La Citadelle, Compagnie d'assurances générales, 2007 QCCA 1145 (juges Robert, Dussault, Forget)

La Personnelle vie, corporation d'assurance c. Monique Pouteau et Mondi Sportwear inc., REJB 2003 –38385

Chalifoux c. Assurance-vie Desjardins inc., REJB 1997 – 03070

Coopérants société mutuelle d'assurance-vie c. Vallières, [1994] R.L. 541

Prévoyants du Canada c. Tremblay, EYB 1989 – 93869

Moreau c. L'Excellence, compagnie d'assurance, REJB 1999 – 13851

Laurencelle c. Confédération, compagnie d'assurance-vie, REJB 1999 – 12834

Confédération, compagnie d'assurance-vie c. Laurencelle, REJB 2001 – 23590

Cliche c. La Survivance, compagnie mutuelle d'assurance-vie, REJB 2002 – 34661

Lacroix c. Assurance-vie Desjardins inc., REJB 1997 – 04228

Pinto-Bernardino c. L'Industrielle Alliance, compagnie d'assurance sur la vie et al, le 20 mars 2000, C. S.,

Honorable A.Derek Guthrie, J.C.S., dossier n° 500-05-013973-969

Roby c. Assurance-vie Desjardins inc., REJB 1998 – 08404

Compagnie d'assurance Standard Life c. Guitard, EYB 2006 – 103238

Guitard c. La compagnie d'assurances Standard Life, EYB 2004 – 82297

Fugère c. Union-Vie (L.), compagnie mutuelle d'assurances, EYB 2007 – 118586

Gauthier c. Financière Manuvie, 2006 QCCQ 4200 (CanLII)

Loubier c. Great West co. d'assurance-vie, 2003 CanLII 25182 (QC C.Q.)

Poitras c. Canassurance, compagnie d'assurance-vie inc., REJB 1999 – 15006

Tessier c. Thériault, REJB 2000 – 16808

Bolduc c. S.S.Q. société d'assurance-vie inc., REJB 2000 - 16041

En terminant, voici une liste de professionnels à qui vous pouvez vous référer ou qui peuvent vous accompagner dans votre cheminement d'invalidité:

• Médecin

• Spécialiste (ex. neurologue, psychiatre, chirurgien-orthopédiste, etc.)

• Ergothérapeute

• Infirmière

• Physiothérapeute

• Psychologue

• Coach en mieux-être

• Spécialiste en gestion de l'incapacité

Dans les situations où votre réclamation d'invalidité serait remise en doute, vous pourriez obtenir de l'aide auprès d'un avocat ou consulter le Barreau du Québec.

4. Survol de la loi sur la Société de l'assurance automobile du Québec

Lorsque la maladie ou la blessure survient dans le cadre d'un accident de la route, vous devez faire une demande à la Société d'assurance automobile du Québec (SAAQ).

Si vous occupiez un emploi ou si vous aviez un emploi garanti au moment de l'accident, vous seriez admissible à une indemnité de remplacement du revenu. Par contre, si vous étiez sans emploi, la SAAQ reconnaît une perte potentielle de revenu à compter du 181e jour suivant l'accident. À ce moment, l'indemnité sera calculée à partir d'un emploi déterminé par la SAAQ.

L'indemnité est non imposable et correspond habituellement à 90 % du salaire net.

Pour vous aider à retourner sur le marché du travail, la SAAQ peut vous offrir un programme de réadaptation. La réadaptation peut inclure des programmes des fonctions physiques, cognitives, affectives et d'intégration professionnelle, sociale et scolaire.

Pour plus de détails, veuillez consulter Le processus d'indemnisation des victimes de la route au www.saaq.gouv.qc.ca/victime/processus_indem/index.php

5. Survol du Régime d'assurance-emploi - prestations maladie

Si une personne devient malade ou se blesse hors travail et non en lien avec un accident automobile et qu'elle n'a pas d'assurance invalidité privée, elle pourrait être admissible aux prestations maladie de l'assurance-emploi. En effet, l'assurance-emploi verse des prestations de maladie aux personnes qui sont incapables de travailler en raison d'une maladie, d'une blessure ou d'une mise en quarantaine.

Pour la plupart des personnes, le taux de base servant au calcul des prestations maladie s'établit à 55 % de la rémunération hebdomadaire moyenne assurable, jusqu'à concurrence d'un montant maximal. Depuis le 1er janvier 2013, le maximum de la rémunération annuelle assurable est de 47 400 $. Cela signifie que vous pouvez recevoir un montant maximal de 501 $ par semaine.

Pour plus de détails sur ce régime de protection, vous pouvez consulter le:

www.servicecanada.gc.ca/fra/sc/ae/prestations/maladie.shtml

6. Survol du régime de la Régie des rentes du Québec

Si vous êtes invalide, vous pourriez avoir droit à de l'aide financière de la Régie des rentes du Québec (RRQ). Pour tous les détails, veuillez consulter le site de la Régie des rentes du Québec au www.rrq. gouv.qc.ca/fr/invalidite/Pages/invalidite.aspx

Brièvement, la RRQ peut vous reconnaître invalide si:

• vous êtes atteint d'une invalidité grave et permanente reconnue par l'équipe de l'évaluation médicale de la Régie;

• vous avez suffisamment cotisé au Régime de rentes du Québec;

• vous avez moins de 65 ans.

Pour que l'invalidité soit reconnue comme grave et permanente, la personne doit être incapable d'exercer, à temps plein, tout genre d'emploi. L'invalidité n'est donc pas considérée comme grave par la Régie si la personne peut faire un travail qui tient compte de ses limitations et qui rapporte plus de 14 554 $ pour l'année 2013. L'invalidité grave doit aussi être permanente. Une invalidité grave est permanente si elle doit durer indéfiniment, sans aucune amélioration possible.

Si une personne est âgée entre 60 et 65 ans, depuis le 1er janvier 2013, pour qu'elle soit reconnue invalide par la Régie, elle doit avoir une incapacité à exercer son emploi habituel, et doit démontrer un attachement récent au marché du travail, c'est-à-dire avoir cotisé au Régime pour au moins quatre des six dernières années de sa période de cotisation.

Que se passe-t-il lorsqu'il y a cessation d'emploi dans un contexte d'invalidité ?

Il arrive, lorsqu'une personne se trouve en arrêt de travail pour raison médicale, que l'employeur mette fin à son emploi. Par exemple, si le poste qu'occupait la personne avant son arrêt de travail est aboli ou s'il y a une restructuration dans l'entreprise et que le poste occupé alors par la personne n'était pas rétabli dans la nouvelle entreprise, l'employeur peut mettre fin à l'emploi de ce travailleur. Tant que l'employeur ne contrevient pas à la *Loi sur les normes du travail*, il peut congédier un employé qui est en arrêt de travail.

Cependant, l'employeur n'est pas déchargé de son devoir d'indemniser le travailleur par une somme d'argent compensatoire de son congédiement, aussi appelé un « délai-congé ». La Cour Suprême du Canada, en 1997, a défini les obligations de l'employeur qui doit verser un délai-congé à un travailleur qui reçoit des prestations d'invalidité, dans l'arrêt *Sylvester - Sylvester* c. *Colombie-Britannique*, 1997 CanLII 353 (C.S.C.), [1997] 2 R.C.S. 315.

Annexe II
Étapes de l'émotion[51]

Rôle de l'émotion :

Guide sûr vers la satisfaction de nos besoins les plus importants et la réalisation de nos aspirations, même au quotidien.

Analyse des émotions et des sentiments

Une émotion nous envahit :

1. Reconnaître qu'il se passe quelque chose à l'intérieur de moi

Qu'est-ce que je ressens en ce moment?

- Un inconfort
- Un malaise physique
- Quelque chose de violent

2. Accueillir et accepter ce qui se passe en moi

Est-ce que je décide de la laisser prendre forme et de me renseigner surmon état intérieur ?

- Oui
- Non, Pourquoi?
- C'est trop intense

---

51   L'ABBÉ, Jacqueline, La Clé des champs – Module Émotions, Éditions La Clé des champs, 2000

- J'ai peur de perdre le contrôle
- Je ne me reconnais plus

3.   Ressentir l'intensité de ce qui se passe en moi?

Quelle est l'intensité de ce que je ressens en ce moment?

- C'est très vague
- C'est confus
- C'est très fort

4.   Identifier l'émotion

Quelle est l'émotion ou le sentiment dominant en ce moment?

- Tristesse, colère, peur, frustration, impuissance, plaisir, etc.

5.   Décrire la pensée ou la situation

Quelle est la pensée ou la situation qui a déclenché ce que je ressens?

- Mon (ma) conjoint(e) passe ses soirées devant l'ordinateur
- La caissière à la banque a été très bête avec moi
- Je devrais m'occuper plus de ma mère

6.   Évaluer l'émotion

Comment je perçois l'émotion?

- Positive

- Négative

- Je ne sais pas

7. Trouver l'insatisfaction d'un besoin

Qu'est-ce que je me dis dans ma tête (tout ce qui s'y passe) ?

- Je suis incompétent

- Je me sens égoïste

- Je ne mérite pas qu'on m'aime

8. Émotions cachées

Quelles autres émotions cela provoque t'il en moi?

- En premier, je ressentais de la tristesse mais actuellement je me sens très frustré et je sens la colère monter en moi

- Je sens que ma joie se transforme en tristesse

- Ma déception se transforme en un sentiment de culpabilité

9. Décoder le message derrière l'émotion

Quel est le vrai besoin à satisfaire dans tout ça?

- J'ai besoin d'être aimé

- J'ai besoin d'être rassuré

- J'ai besoin d'être respecté

Bibliographie et Webographie

PECK, Scott. Le Chemin le moins fréquenté, éditeur J'AI LU, Collection J'AI LU NEW AGE, mai 1990.

CSIKSZENTMIHALYI, Mihaly; *Vivre la psychologie du bonheur*, Robert Laffont, 2004, 377 p.

GREENBERGER, Dennis, Ph.D., Christine PADESKY, Ph.D.; *Dépression et anxiété : comprendre et surmonter par l'approche cognitive*, Décarie Éditeur 2004, 264 p.

MILLER, William, R. Stephen ROLLNICK. L'entretien motivationnel, Inter Éditions, Paris, 2006, 242 p.

L'ABBÉ, Jacqueline. La Clé des champs - Module Émotions, Éditions La Clé des champs, 2000.

BULIK, Cornelius G., et Dr Réjean DAIGNEAULT. Encore jeune à 100 ans, Guérin éditeur, 1999.

MARQUIS, Dr Serge. Pensouillard le hamster, Les Éditions Transcontinental, 2011.

DOIDGE, Norman. Les étonnants pouvoirs de transformation du cerveau, Éditeur Belfond, Paris, 2008, 442 p.

FLETCHER, Peacock. Arrosez les fleurs pas les mauvaises herbes ! Les Éditions de l'Homme, 2007, 150 p.

LUPIEN, Sonia, Ph.D. Par amour du stress, Les Éditions au carré, 2010, 275 p.

MAURER, Robert. Un petit pas peut changer votre vie, La voie du Kaizen, Éditions Anne Carrière, Paris, 2006, Le livre de poche 10021, 175 p.

JANSSEN, Thierry. La Solution intérieure, Fayard, France, 2006, 375 p.

JANSSEN, Thierry. Le défi positif, Les liens qui libèrent, France,2011, 379 p.

JANSSEN, Thierry. La maladie a-t-elle un sens ?, Fayard, France, 2008, 352 p.

RAPOPORT-HUBSCHMAN, Dre Nathalie. Apprivoiser l'esprit, Guérir le corps, Paris, Odile Jacob, 2012, 235 p.

TOWNSEND, Mary. Soins infirmiers en psychiatrie et santé mentale, Éditeurs Erpi, Collection Compétences Infirmières, juin 2010, 790 p.

SERVAN-SCHREIBER, David. GUÉRIR, le stress, l'anxiété et la dépression sans médicaments ni psychanalyse, Éditions Robert Laffont, 2003.

TOLLE, Eckhart. Le pouvoir du moment présent, Ariane Éditions, Canada, 2000, 220 p.

TREVIS, John W. ; Inventaire du mieux-être, Editions Ten Speed Press, 1972.

Webographie

www.actimenu.ca

www.intersante.net

www.phobies-zero.qc.ca

www.lacledeschamps.org

www.lesaffaires.com

http://www.hc-sc.gc.ca/fn-an/food-guide-aliment/index-fra.php

http://www.soscuisine.com

www.passeportsante.net

http://cliniquevertigo.com/vertige_paroxystique.html

http://fr.wikipedia.org/wiki/Communication_non-violente_%28Rosenberg%29

www.psymontreal.com

www.csst.com

www.fondationdesmaladiesmentales.org

www.tortue-marquis.com

www.cgsst.com/fra/accueil-reconnaissance-travail.asp

www.educalcool.qc.ca

http://c-marketing.eu/generation-g/

http://globalite.ca/inventaire-du-mieux-etre/

Remerciements

Merci à ma Catherine d'être là, avec Gérald, Charles et Samuel;

Merci à Maman pour son AMOUR inconditionnel;

Merci à Papa du haut de son ciel bleu;

Merci à ma grande sœur Lorraine pour son écoute authentique;

Merci à ma sœur Denise pour son coaching d'affaires;

Merci à mon petit frère René qui a eu la patience de m'aider à la désensibilisation de la conduite automobile pour aller au chalet;

Merci à ma petite sœur Carole pour sa générosité;

Merci à mon ami Roland pour son appui inconditionnel et sa confiance en mes FORCES;

Merci à mes amis Reine, Denise et Marcel sur qui je peux toujours compter;

Un merci à Marie Brassard, ma coach d'écriture;

Toute ma reconnaissance à Carl Brouillette, ergothérapeute et professeur pour son appréciation et son intégrité;

MERCI à vous chers lecteurs de me recevoir dans votre intimité.

À propos de l'auteure

Danielle Vaillancourt est une professionnelle en santé et réadaptation au travail possédant plus de 25 années d'expérience en santé mentale.

Son parcours de vie personnelle et professionnelle l'a amenée à se pencher sur l'ÉQUILIBRE biopsychosocial à protéger dans nos vies.

Dans le cadre de son travail, Danielle nous offre de partager son histoire, ses outils et ses pistes de solutions. Elle s'intéresse à la personne, aux employés et aux gestionnaires.

Elle accompagne les gens en invalidité vers un rétablissement en santé globale. Avec ses collaborateurs, dont Madeleine Fortier, CRHA Coach et formatrice en Carrière et Carl Brouillette, M.Sc.erg., elle offre aux entreprises la possibilité de créer des groupes de Collègues-Aidants pour le personnel vivant des difficultés au niveau de leur mieux-être physique et psychologique. Les valeurs principales qu'elle désire transmettre sont la « Reconnaissance », la « Générosité », la « Persévérance » et « l'Empowerment ».

« Aider la personne à s'engager vers le changement »

Tél. : 514 385-9884
Courriel : info@intersante.net
Site Web : www.intersante.net

Vaillancourt Conseil
Intervention Santé inc.

À propos de Carl Brouillette

Carl Brouillette est un professionnel en santé et réadaptation au travail possédant plus de 15 ans d'expérience axée sur les interventions de réadaptation, la gestion des arrêts de travail et de l'absentéisme et la mise en place des meilleures pratiques en solutions de prévention des incapacités, réadaptation et de retour au travail.

Il possède également deux certifications en coaching santé et mieux-être. Il accompagne autant les individus que les organisations dans leur démarche de rétablissement vers la santé et le mieux-être. Il est également un conférencier et formateur hors pair doté d'un grand dynamisme.

Son enthousiasme contagieux et ses outils concrets apportent des résultats tangibles et durables

Enfin, il est le fondateur de Globalité mieux-être performance, une entreprise qui est fière de se distinguer au Québec et en Ontario à titre de leader dans le milieu du mieux-être psychologique en entreprise et au niveau des actions de maintien et de retour au travail efficace. Grâce à la qualité et la régularité des interventions, il est engagé à trouver des solutions durables pour garantir le succès et la satisfaction continue de ses clients.

Soyez bien ! / Be well !

Carl Brouillette, M.Sc. erg.

T   1 819 317-0270

F   1 819 317-0271

M   1 819 962-7167

Table des matières

Préface 7

Introduction 11

Chapitre 1 15
« Que vont-ils penser de moi ? »

Chapitre 2 29
Les activités de la vie quotidienne (AVQ)

Chapitre 3 41
Insécurité financière et expertise psychiatrique

Chapitre 4 61
Retour à l'école et immersion au travail

Chapitre 5 77
Les bonnes habitudes de vie

Chapitre 6 99
Guérie en deux fois 10 minutes !

Chapitre 7 113
Démystifier « La Folie » par petits pas

Chapitre 8 129
Les bonnes pratiques

Conclusion 151

Témoignages 157

Un écrit significatif 161

Annexe I 165
Comprendre la notion d'invalidité pour naviguer avec les systèmes d'indemnisation

Annexe II 197
ÉTAPES DE L'ÉMOTION

Bibliographie et Webographie 201

Remerciements 203

À propos de l'auteure 205

À propos de Carl Brouillette 206

Achevé d'imprimer au Québec

en octobre 2013